AF125190

Ursula Branscheid-Diebaté

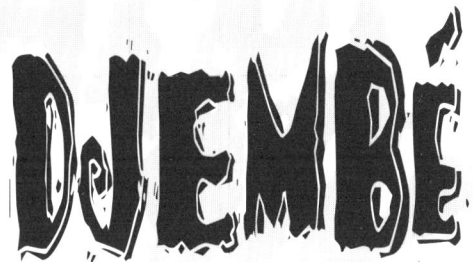

Freies Spiel auf der Djembé
als musikalisches Ausdrucksmittel

Grundlagen, Tips und Übungen
für Grooves und Soli

Lehrbuch für Anfänger
und Fortgeschrittene

MIT CD

LEU-VERLAG

Ergänzende Literatur:
Ursula Branscheid-Diebaté, DJEMBÉ II, die Djembé in der Band (mit CD), ISBN 978-3-89775-028-9
Ursula Branscheid-Diebaté/Kandara Diebaté, DJEMBÉ III & KORA (mit CD), ISBN 978-3-89775-055-5
Djembé für Gruppen und trad. Kora-Zusammenspiel. Mit Kora-Anleitung/Melodien, Gesängen
U. Branscheid-Diebaté/Kandara Diebaté, DJEMBÉ-RATGEBER, ISBN 978-3-89775-051
Kauftipps, Djembé-Geschichte, Hintergründe, viele Farbfotos, Karten
U. Branscheid-Diebaté, Doppel-DVD DJEMBÉ – Spielen lernen (DVD 1) und DVD 2: Vom Baumstamm zur Trommel, Djembé-Herstellung, Geschichte, Musikbeispiele, ISBN 978-3-89775-125-5

© 7. Auflage 2012 by LEU-VERLAG, Kolpingstr. 5, 86356 Neusäß, www.leu-verlag.de

Lektorat: Wolfgang Leupelt
Umschlag/Layout: Seefeld Grafik Design, 73529 Schwäbisch Gmünd
Notensatz: Gianni Pacifico, Heidenheim
Bildnachweise:
Becker, Ina: Karikatur Seite 13
Branscheid-Diebaté, Ursula: Seite 5, 8-12,18-20, 23, 25, 35, 46, 52, 55, 57, 63, 66-70
Eck, Bernd: Seite 15
Heldsdörfer, Raimar: Seite 6, 19 (oben), 29, 33, 34, 36-37(re.), 49
Sarr, Abdou: Seite 17
Speiser, Roland: Seite 17 (re.), 36-37 (li.)
Tonstudio: Neckarsound Studio, Tübingen
Mitspieler bei einigen Begleitrhythmen: Raimar Heldsdörfer, Reutlingen
Toningenieur: Gerd Waiblinger, Tübingen
Druck: Druckhaus Gummersbach

Stück Nr.1 ist eine Live-Aufnahme von Rafetna mit Gastsolist
Famoudou Konate in Tübingen: Tanzbegleitung zum Djolé.

Printed in Germany 2012

ISBN 3-928825-84-4
      978-3-928825-84-9

Inhalt

„What ever you play,
believe in yourself."
                        Ed Thigpen

„Wenn Du an einen Punkt
gelangst, an dem Du spürst,
daß Du die Sprache der
Musik gut genug beherrschst,
um Deine Ideen und Emotionen
auszudrücken, dann ist das
schon ziemlich viel."
                        Mike Stern

„Wenn ich soliere,
respektiere ich immer
die Stimme der Sangba,
ich höre sie immer in
meinem Ohr."
                        Famoudou Konate

„Musik ist eine Sprache,
auch eine Sprache des Herzens...
Man darf nie vergessen, daß es
das wichtigste in der Musik ist,
Emotionen zu vermitteln."
                        Mike Stern

Vorwort

Die Djembé hat in der relativ kurzen Zeit, in der sie in unseren Breitengraden bekannt ist, unglaubliche Beliebtheit erfahren. Dies liegt sicherlich nicht zuletzt daran, daß das Instrument einen ganz eigenen, vor allem aber sehr durchsetzungsstarken Klang besitzt. Auf einer guten Djembé können wir zudem einen tiefen Bass ebenso erzeugen wie einen hohen, fast schrillen Sound: Eine Spannbreite, die bei kaum einem anderen Perkussionsinstrument vorhanden ist.

Vor allem aber das sogenannte „Hand-to-Hand-Spiel", das stetige Rechts-Links-Schlagen mit den Händen, bietet uns Möglichkeiten, die wir bei keinem anderen Instrument so vorfinden.

So stellt sich die Djembé auch für den Anfänger schon bald als ein dankbares Medium dar - wenn er einige Tricks beachtet -, um sich musikalisch ausdrücken zu können.

Dies soll zugleich auch Inhalt dieses Lehrbuchs sein: Ich möchte Wege zeigen, wie der Spieler sich alsbald durch das Medium Djembé eigenständig ausdrücken kann und nicht nur ausschließlich in der Lage ist, vorgefertigte Rhythmen nachzuspielen. Dies ist mir ein besonderes Anliegen, da ich in meiner bisherigen Lehr- und Spieltätigkeit immer wieder erstaunt feststellen mußte, daß ein hoher Prozentsatz der Trommler überhaupt nicht in der Lage ist, spontan zu improvisieren. Wobei aber doch damit erst die Möglichkeiten beginnen, Stimmungen, Gefühle zu transportieren, ja sogar abzuladen. Erst hier entfaltet sich doch meine persönliche Note, prägt sich der eigene Stil! Pures Herunterspielen vorgefertigter Rhythmen wird außerdem einem selbst wie den Zuhörern sehr schnell langweilig.

Ich selbst hatte einige Male die besondere Gelegenheit, in Afrika auf traditionelle Feste mitgenommen zu werden. Die Atmosphäre ist unvorstellbar! Was in allen Beteiligten vorgeht, wenn nun der Solotrommler und die Solotänzerin sich in Spiel und Tanz antworten, weitertragen, gegenseitig antreiben, bis zur Extase anheizen, ist unbeschreiblich. Man kann nur eine Vorstellung davon bekommen, wenn man es einmal selbst erlebt hat.

Ursprünglich kommt die Djembé aus Mali/Westafrika: Dort waren es die Numu, die Angehörigen der Schmiede-Kaste vom Stamm der Malinke und Bambara, die sich schon vor Jahrhunderten der Djembé bedienten. Noch heute setzt man das Instrument in vielen westafrikanischen Ländern, vor allem jedoch in Mali und Guinea, täglich ein: auf traditionellen Festen, zur Arbeit, Götteranbetung, Tanzbegleitung, einfach zum Musizieren oder zur Nachrichtenübermittlung von einem Dorf zum nächsten.

So erklärt sich auch die Form und der besonders durchsetzungsstarke Klang des Instruments: Die Nachricht muß ja im Nachbardorf noch zu hören sein! Durch die Trichterform der Djembé wird die durch das Fell erzeugte Schwingung erst stark komprimiert und dann durch die untere Öffnung geballt hinausgelassen.

Sollten sich zwei Personen mittels der Djembé direkt unterhalten, so wird hierbei auf raffinierte Weise der Klang der Stammessprache durch die Sounds auf der Djembé imitiert. Aus dem täglichen Leben ist die Djembé in vielen westafrikanischen Gebieten nicht mehr wegzudenken!

Die Idee dieses Arbeitsbuches mit CD ist es, systematisch an das freie und präzise Spiel auf der Djembé heranzuführen. Um dies zu erreichen, wollen wir auch einige traditionelle Rhythmen nachspielen: Hierbei können wir uns ein Repertoire an rhythmischen Fragmenten und Schlagabfolgen zulegen, das uns auch für das freie Spiel Grundlagen liefert. Vor allem aber erhalten wir einen Höreindruck und ein Gefühl für den Aufbau der Djembémusik.

Die original afrikanischen Rhythmen auf der Begleit-CD können zum Mitspielen, aber auch als Teppich für die Übungen und Improvisationen genutzt werden. Ebenso ratsam ist es jedoch, ab und zu auch ein Metronom zur Hand zu nehmen und dazu zu üben, da durch den stetig präzisen „Click" unser Gefühl für ein sauberes Timing geschult wird. Macht also zumindest dort wo es vermerkt ist, die Übung auch einmal zum Metronom.

Als eine gute Methode hat es sich erwiesen, erst eine zu übende Passage allein zu spielen, dann das Metronom dazuzunehmen (sofort merkt man, wo man Timingschwierigkeiten hat) und schließlich wieder ohne das Gerät zu spielen.

Achtet jedoch darauf, beim Metronom-Spiel den Bewegungsablauf zu speichern. Viele neigen dazu, ohne Metronom anders zu spielen als mit: Die Folge ist, daß der Rhythmus ohne Taktgeber wackelt und solch ein Spieler später vom Metronom abhängig ist! Merkt Euch also, wie Ihr die Bewegungen zum Click gemacht habt und macht es ohne den selben genauso!

So können wir sicher gehen exakt zu spielen, ohne jedoch auf einen Taktgeber von außen angewiesen zu sein. Denn eigentlich ist es ja unser Ziel, Rhythmen und Improvisationen so zu gestalten, daß jeder Schlag präzise „auf den Punkt" gespielt wird, da erst dann die ganze Musik richtig zu swingen beginnt.

Einige Stücke auf der CD sind in recht hohem Tempo gespielt. Auch hierzu sollte das Mitspielen geübt werden, da das Durchhalten dabei nur mit einer gewissen Lockerheit möglich ist. Einmal angeeignet, benötigen wir diese überall in unserem Spiel, auch bei langsamen Stükken!

Ebenso sollte der Lernende beim Durcharbeiten dieses Buches zunehmend in der Lage sein, neben dem eigenen Spielen genau hinzuhören:

- Wo ist der Beat des Gesamtgrooves?
- Bin ich noch genau drauf?
- Was spielen die anderen überhaupt?

Erst bei einer gewissen Sicherheit auf dem Instrument ist erfahrungsgemäß ein genaues Hinhören und selbstkritisches Analysieren möglich.

Wir legen los!

Ihr sitzt nun also vor Eurer Djembé und seht Euch wahrscheinlich erst einmal vor der Frage: Wie halte ich die Trommel überhaupt beim Spielen?

Als Erstes suchen wir uns auf dem Fell die Linie, die den Abdruck der Wirbelsäule des Tieres (meist Ziege) darstellt. Man spielt nun immer an einem der beiden Enden dieser Linie, meist am Kopfende, da das Fell hier günstigere Eigenschaften hat. Die Stelle, an der man immer spielt, wird so mit der Zeit „eingespielt".
Gewöhnt Euch also schon zu Beginn an die richtige Positionierung der Trommel: Viele erfahrene Spieler schließen daraus nämlich schon auf das spielerische Können des Trommlers!

Zur Spielhaltung der Trommel gibt es grundsätzlich drei Möglichkeiten.

Djembé-Haltung 1

Die gängigste Methode ist sicherlich (besonders am Anfang) die **erste**, sitzenderweise:

Man stelle dabei die Djembé leicht schräg (vom Körper weg) und halte sie mit den Beinen vorne umschlungen (s. Bild). Unter Umständen – wenn das Instrument nicht allzu groß ist – kann man die Füße vorne auch noch überkreuzen. Ganz wichtig ist hierbei zu beachten, daß zu einem sicheren Halt der Djembé keinerlei Kraftanwendung (in Form von krampfhaftem Zudrücken der Oberschenkel) notwendig ist. So würde man nämlich nach kurzer Zeit unterbrechen müssen, weil die Beine schlapp machen!

Ebenso wichtig ist es, darauf zu achten, daß die Djembé genügend schräg steht: Der Großteil des Klanges kommt nämlich aus der unteren Öffnung. Wenn diese flach auf dem Boden steht, geht ein ganz großer Teil des Sounds verloren, und man verschenkt den Wohlklang der Trommel (besonders die Baß-Frequenzen werden durch den Boden verschluckt).
Zudem ist bei flach stehender Djembé der Spielwinkel extrem ungünstig. Man müßte sich in dieser Position schon die Handgelenke verrenken, um einen guten Schlag auszuführen.

Für Mini-Djemben eignet sich diese Haltung übrigens auch: Hier berührt das Instrument dann nicht den Boden, wir halten es ausschließlich mit den Beinen fest.

Djembé-Haltung 2   Djembé-Haltung zwei bietet sich besonders an, wenn keine Sitzgelegenheit vorhanden ist und auch kein Tragegurt griffbereit liegt: In diesem Falle müssen wir uns selber auf die Djembé setzen. Diese Haltung bewirkt einen etwas ungewohnten Spielwinkel für die Hände (außerdem muß man sich ziemlich vorne überbeugen), was sich für den Anfang nicht so sehr eignet. Aber für den „Notfall" reicht es allemal.

Djembé-Haltung 3   Für Methode drei benötigen wir einen Tragegurt:
Dieser wird um die Schultern gehängt, indem er am Rücken überkreuzt wird, oder aber man legt einen kürzeren Gurt um die Hüfte (dazu kann man auch einen Gürtel oder ein zusammengerolltes Tuch verwenden). Achtet hier besonders darauf, daß die Djembé nicht zu hoch oder zu tief hängt, Ihr müßt bequem alle Schläge ausführen können.
Als groben Anhaltspunkt kann man sich merken, daß sich die obere Kante der Trommel in etwa in Höhe der Hüftknochen befinden sollte.

Nachdem wir unsere Djembé nun locker und bequem halten können, wenden wir uns den Schlagtechniken zu.

I. SCHLAGTECHNIKEN

Im folgenden seien die drei Grundschlagtechniken und der gesamte Bewegungsablauf dargestellt.

Der Baß Der einfachste der drei Schläge ist zunächst der **Baß**:

Hierbei trifft die **flache** Hand auf die Mitte des Fells (s. Fotos oben). Wichtig dabei ist: Man treffe die wirkliche Mitte des Fells, da es nur hier zur tiefen Baßschwingung angeregt werden kann, weiter außen wird der Ton immer höher. Versucht auch, ohne Hinsehen die Mitte zu treffen (schließlich wollen wir ja später spielen können, ohne die Djembé immer anstarren zu müssen!).

 Spielt beim **Baß** nicht aus dem Handgelenk, sondern aus dem Arm: Hand und Unterarm sollten nämlich eine Linie bilden (siehe CD 2/Baß-schlag).

Der Ton Der nächste Schlag heißt **Ton**:
Bei diesem Schlag trifft die Hand mit den Ballen der Fingergrundgelenke auf die Kante des Trommelfells (s. Foto). Ganz wichtig ist, daß die Hand hierbei **flach** (nicht im Winkel) auf die Felloberfläche kommt.
Zu beachten ist zudem, daß Hand und Unterarm wieder eine Linie bilden, schlagt nicht aus dem Handgelenk! (Siehe Fotos nächste Seite oben). Ein optimaler **Ton** erklingt, wenn Ihr die Finger einigermaßen zusammenhaltet (nicht krampfartig, das geht auch ganz locker zu bewerkstelligen).

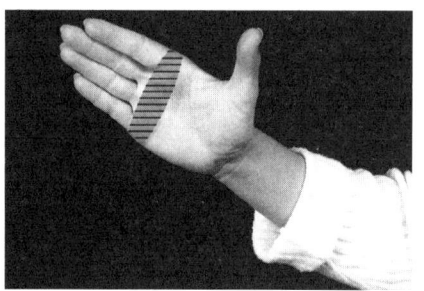

Die Stelle der Handfläche, die bei Ton und Slap auf die Fellkante trifft

Ganz wichtig ist für die Ausführung des **Tons** wie des **Slaps,** daß man den Daumen abspreizt (s. Foto). Das könnt ihr bei allen Djembéspielern beobachten. Sonst würde man mit dem Daumen immer seitlich auf die harte Fellkante bzw. auf den Eisenring der Djembé hauen, was recht schmerzhaft ist.

Der Slap Der dritte Schlag (zugleich der lauteste und durchdringendste von allen) ist der **Slap**:

Die Auftreff-Fläche der Hand auf die Fellkante ist die gleiche wie beim **Ton.**
Geht im Zweifelsfall **höchstens** einen Zentimeter weiter mit der Hand nach vorne, Richting Fellmitte. Achtet allgemein schon von Anfang an auf eine saubere Ausführung der Schläge, da sich falsch Antrainiertes irgendwann bemerkbar macht und Ihr dann mühsam umlernen müßt!

 Im Unterschied zum **Ton** trifft die Hand beim **Slap** nicht flach, sondern im Winkel auf's Fell: Schon in der Luft holt man mit angewinkeltem Handgelenk aus. Man trifft dann etwa wie auf dem Foto nächste Seite auf das Fell auf: Das Handgelenk befindet sich unterhalb der Fellkante, welche von den Ballen der Fingergrundgelenke (siehe Ton) getroffen wird. Wenn man nun die Finger ganz locker gelassen und nicht wie beim **Ton** zusammengehalten hat, schlagen diese nun folgerichtig aufs Fell, und zwar geschieht dies blitzschnell und regelrecht peitschenartig.
Wegen der Trägheitskräfte durch das schwungvolle Ausholen und das plötzliche Abstoppen auf Höhe der Fingergrundgelenke schnellen die Finger weiter bis aufs Fell.
Das ergibt den schrillen, knalligen und sehr hohen Sound unseres **Slaps** (siehe CD Nr. 4).

Bis dieser allerdings so richtig schön knallt, braucht es schon etwas Zeit und Muße. Seid also nicht ungeduldig und erwartet nicht, daß sofort **ein Slap** ertönt wie bei einem Djembé-Meister. Der hat auch lange an einem guten Sound arbeiten müssen.
Bedenkt, daß Euer Sound auch Euer Aushängeschild ist!

 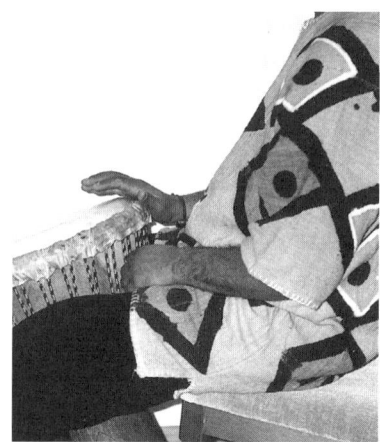

Ganz wichtig für alle drei Schlagarten ist: Die Hand sollte nach Ausführen des Schlages nicht auf dem Fell kleben bleiben, sondern dieses sofort wieder verlassen, da sonst mit der Hand die Schwingung des Fells abgebremst wird und man nicht den typischen Djembésound erhält. Außerdem verschwendet man unnötig Energie. Das heißt mit anderen Worten, daß wir uns auf der Djembé einer offenen Spielweise bedienen. Im Gegensatz zur Conga beispielsweise, wo wir die Schläge „closed" spielen.

Das Auftreffen auf dem Fell stellt bei der Djembé also nur einen ganz kurzen Moment dar, dann verläßt die Hand die Trommel, die Schwingung kann sich ausbreiten und ein schöner Klang verläßt das Instrument.

Bewegungsablauf Kommen wir nun zum richtigen **Bewegungsablauf** beim Spielen:

Gespielt wird, indem man den Unterarm nach unten bewegt, dabei geht der Ellenbogen automatisch hoch. Die nächsten Fotos zeigen diesen Ablauf:

Wie man sieht, ist die Bewegung eine relativ seitliche, es wird nicht vor dem Körper geschlagen. Die Hand schlägt dann von oben ohne Umwege auf das Fell. Vermeidet von vornherein rudernde, schlingernde oder kippende Bewegungen, die ich in meinen Anfänger-Kursen oft sehe, und vor allem jede Art von Wischen. Spielt immer ganz direkt von oben nach unten! So gelangt man zu einem flüssigen, lockeren Spiel und damit zu Präzision und Schnelligkeit!

Oft erweist es sich als hilfreich, die Bewegungen vor einem Spiegel zu kontrollieren: Probiert das einmal und Ihr könnt unnatürliche und eckige Bewegungen entlarven.
Bedenkt, daß die Schläge alle aus einer natürlichen Bewegung heraus kommen und keine komplizierten Verrenkungen notwendig sind!

Etwas sehr Entscheidendes und oft Unterschätztes sei noch zum gesamten Bewegungsablauf gesagt:
Das Ziel, einen Schlag präzise „auf den Punkt" zu spielen, erreicht man nur, indem man die Bewegung an keiner Stelle abbremst! Das klingt banal, ist aber deswegen gar nicht so leicht, da es in unserer Natur liegt, abzubremsen, wenn wir auf ein Hindernis (in dem Fall die Trommel) zusteuern.
Wendet nie Kraft an, aber spielt mit der natürlichen Wucht einer kleineren oder größeren Ausholbewegung!

Laßt einmal die Hand aus dem Handgelenk peitschenartig auf das Fell schnellen, ohne Kraft, aber mit Wucht: Es ist schon erstaunlich, wie laut das sein kann. Einen solchen Schlag im rhythmischen Gefüge nun präzise zu plazieren fällt außerdem viel leichter!
Laßt als Vorübung einmal den Unterarm und dann einmal den ganzen Arm (von der Schulter abwärts) auf das Fell fallen! Es ist unglaublich laut, wenn man die Bewegung wirklich an keinem Punkt abbremst. Man mache sich dabei bewußt, daß ein Arm ja naturgemäß schon einige Kilos wiegt, es ist also völlig unnötig, noch Kraft in die Bewegung stecken zu wollen!
Dies ist eine ganz entscheidende Erfahrung für unser künftiges Spiel.
Macht diese Übung auch immer wieder zur Erinnerung an den Bewegungsablauf, z.B. als „Warm-up" oder zur Auflockerung nach längerem Spielen.

Eine weitere wichtige Hilfe ist es, sich vorzustellen in die Trommel **hinein** zu spielen. Checkt einmal den Unterschied im Klang, wenn Ihr Euch vorstellt, aus dem Instrument heraus oder in es hinein zu spielen!

Nur allzu oft beobachtet man schlechte Spieler, die wie die Irren auf ihre Trommel einprügeln, sich dabei verrenken und verkrampfen, zudem meist noch unsauber klingen und nach kürzester Zeit schweißgebadet schlapp machen. Hinterher kommen sie sich dann noch wie Helden vor: Ich habe gegen die Trommel gekämpft!

Bei richtig lockerem Spielen wird man zudem beobachten, daß (besonders beim Baßschlag) der Arm nach dem Schlag ein wenig vom Fell abspringt, er wippt zurück.

Dies nennt man einen „Rebound" (ähnlich dem zurückspringenden Ball beim Basketball, was genauso bezeichnet wird). Übt einmal ein solch schwungvolles Schlagen auf das Instrument, bis die Hand von selbst vom Fell zurückfedert und ein leichter zweiter Schlag hinterher kommt. Den Rebound können wir dann nämlich gleich als Ausholbewegung für den nächsten Schlag nutzen. Wir müssen also nicht jedes mal neu ausholen, sondern es kommt alles aus einer runden, fließenden Bewegung heraus. Also: Jeder Schlag endet nicht auf dem Fell und dann wird für den nächsten wieder neu ausgeholt, sondern letztendlich ist alles eine einzige, große Bewegung!

Besonders eine Pause können wir sozusagen mit Bewegung ausfüllen: Würde man ständig den Spielfluß unterbrechen und wieder neu ansetzen, würde der Rhythmus wackeln, es ist zumindest ungleich schwerer, so zu einem runden Spiel zu gelangen, man muß sich furchtbar anstrengen, um im Spielfluß zu bleiben. Aber warum sollten wir uns unnötig Arbeit machen?

Genauso rund wie unsere Bewegungsabläufe sind, klingt nämlich auch das Gespielte!
In diesem Kontext möchte ich einen meiner Lehrer zitieren: „My body is in the time, the groove is internalized!"

Beobachtet einmal gute Spieler: Sie spielen letztendlich nie mit Muskelkraft, sondern viel mehr mit fließenden Bewegungen und Schwung.

In dem Zusammenhang werdet Ihr übrigens auch selbst feststellen, daß die Schlaghöhe beim Spielen generell auch durch die Spielgeschwindigkeit mitbestimmt wird: Für einen einzelnen, großen Abschlag beispielsweise kann man schon einmal eine sehr große Ausholbewegung machen und wirklich den Arm mit einsetzen, bei schnelleren Tempi wird die Bewegung natürlich wesentlich kleiner, das Spielgefühl bleibt aber immer das gleiche.

Zum Sound

Nun noch etwas zum **Sound**:

Achtet darauf, besonders **Ton** und **Slap** klangmäßig ganz stark voneinander zu trennen. Bei beiden Schlägen wird ja mit etwa der selben Stelle der Hand auf die selbe Stelle des Fells geschlagen. Folglich kann man nur durch die unterschiedliche Ausführung die verschiedenen Sounds kreieren. Man mache sich das bei der Einübung der Schläge bewußt: Der **Ton** sollte dabei tief, dumpf und trocken klingen, der **Slap** hingegen so hoch wie möglich, eher offen, schrill und knallig. Diese Differenz im Sound sollte so groß wie möglich sein. Dabei wird dann auch klar, warum beim Ton die Hand flach auf das Fell treffen soll: so erzeugen wir den dumpfen, trockenen Charakter dieses Schlages. Kommen wir hingegen etwas schräg auf, wird der Ton gleich höher, ähnelt dem Slap-Sound. Allerdings erfordert das Herausarbeiten dieser Differenz Zeit: Meist klingen die beiden Schläge am Anfang erst einmal fast gleich. Bringt also ruhig etwas Geduld mit und erwartet nicht, daß von heute auf morgen gleich alles schon perfekt klingt. Hingegen sollte man immer beim Spielen jeglicher Rhythmen auf seinen Sound achten und an einem optimalen Klang der Schläge ständig arbeiten!

 Macht einmal dazu folgende Übung: Spielt eine Weile lang TON, TON, SLAP, SLAP, TON, TON, SLAP, SLAP,... immer rechts, links abwechselnd und achtet einmal darauf, wie es klingt (s. CD 5).

 Schließlich spielt die Kombination mit BASS, BASS, TON, TON, SLAP, SLAP,... ebenfalls rechts, links, rechts links (s. CD 6).

Diese beiden Übungen eignen sich auch gut als tägliches Warm-up vor dem eigentlichen Üben. So gewöhnen wir uns an die Bewegungsabläufe und schulen unsere Technik und nicht zuletzt das Gehör.

Ein weiteres Problem stellt sich übrigens dar, wenn Anfänger (oftmals aber auch Fortgeschrittene) fleißig am Sound üben, im Kopf aber überhaupt keine klare Vorstellung von dem Klang haben, den sie erreichen möchten!

Wenn man nicht einen ganz klaren Sound im Ohr hat, der einem als Ideal vorschwebt, kann man am eigenen Sound auch nur schwer üben: Denn worauf sollte man hinarbeiten?

Ein ganz wichtiger Aspekt ist der, daß man nicht auf das Instrument wahllos draufhaut, sondern eine Vorstellung vom Sound, der erklingen soll, vorher im Kopf hat! Es wird somit anders klingen und kommt beim Zuhörer ganz anders an. Macht Euch klar, daß jeder Sound auf einem Instrument ein Feeling erzeugt, mit jedem Klang könnt Ihr Stimmungen hervorrufen! Ein sehr guter Lehrer sagte mir einmal: „Every time I touch an instrument, I create a feel!"

Als Zuhörer kann man genau merken, ob der Spielende das Erklingende im Kopf vorformuliert hat oder nicht. Dieser Aspekt beim Spielen wird oft leider sehr vernachlässigt. Groove und Sound kann man eben nicht mit der Brechstange erzeugen, sondern mit viel Training und mentaler Arbeit!

Hat man es nun einmal geschafft, einen Klang zu erzielen, der der Vorstellung schon recht nahe kommt, ist es ratsam, sich gleich zu merken: Wie habe ich das bewerkstelligt? Wie war der Bewegungsablauf und wie hat es sich angefühlt?

Versucht so etwas zu speichern und natürlich zu wiederholen: So verbessert Ihr langsam aber stetig Euren Sound.

Meist ist es auch so, daß die rechte Hand (bei Linkshändern die linke) etwas schneller lernt. Die andere kann es nun von ihr lernen!

In diesem Zusammenhang hier nun einige Tips zum Schulen des Gehörs:

1. Hört Euch gute Spieler an:
Geht so oft wie möglich in deren Konzerte!
- Traut Euch auch ruhig, hinterher auf die Spieler zuzugehen und Fragen zu stellen (wenn Ihr welche habt). Die meisten freuen sich nämlich über Interesse und geben gerne Auskunft oder können Euch Kurse empfehlen oder gar an einen guten Lehrer in Eurer Region vermitteln.
- Man kann bei solch einem Konzert die Technik und die Bewegungsabläufe in aller Ruhe beobachten.
- Achtet auch auf die Rundheit der Bewegungen und wie sich das im Groove widerspiegelt.
- Beobachtet die Konzentration der Spieler und eventuelles Mitsingen sowie die Überzeugung vom Gespielten!
- Ebenso sind für das spätere gemeinsame Spiel natürlich auch Dinge

wie Bandzusammenspiel, Aufeinandereingehen der Musiker, Zeichen-Geben, etc. wichtig, was man bei einem Konzert in aller Ruhe studieren kann.

- Nicht zu unterschätzen ist auch die Ausstrahlung der großen Könner!
- Achtet auch einmal auf den Sound und die Gesamt-„Melodie" der Stimmen.

2. Hört Euch möglichst viele Aufnahmen guter Trommler an.
Kauft oder überspielt Euch irgendwo CDs und Cassetten und hört diese intensiv an:

- Hier bieten sich uns viele Groove- und Improvisationsideen. Diese kann man sich bewußt zu merken versuchen, aber auch herausschreiben (s. Seite 28).
- Vor allem aber prägt sehr häufiges Anhören auch ohne viel eigenes Zutun: Man gewöhnt sich automatisch an die Denk- und Spielweise des Gehörten und man wird sie auf die eine oder andere Weise übernehmen.
- Hört auch auf den Sound: Wie grenzen die guten Spieler die Schläge voneinander ab?
- Welche Rolle spielt die Dynamik und welche Stimmungen ruft sie hervor?

Achtet auf all diese Dinge natürlich auch beim Hören der beiliegenden CD.

Nicht zu verachten ist auch die Möglichkeit „in Gedanken zu üben", sich also vorzustellen, wie man etwas spielen würde. Einmal so hineingedacht, kann man das im Kopf Durchgespielte dann später schneller auf das Instrument übertragen, es ist einem nicht mehr fremd.

Ein guter Rat zuletzt sei noch die kritische **Selbstkontrolle:**

Ein Aufnahmegerät (kann auch einfach und billig sein) sollte öfter mitlaufen und der Kontrolle dienen, denn: Die Differenz zwischen dem was man zu spielen glaubt und der Realität ist erfahrungsgemäß (gerade am Anfang) gewaltig! Das mußten auch die guten Spieler alle einmal erfahren. Selbst nach etlichen Jahren Spielpraxis nimmt sich so mancher Profi immer noch auf Band auf, um das eigene Spiel aus der Distanz wahrzunehmen!

Verbringt viel Zeit mit der Sound-Suche! Auch durch diese Phase sind die Spitzenspieler alle gegangen, indem sie sich (hierzulande zumindest auch per Aufnahme) peinlich genau kontrolliert und kontinuierlich verbessert haben. Es gibt genügend Musiker, die behaupten, erst nach jahrzehntelanger Spielpraxis und zahllosen Studioaufnahmen in der Lage gewesen zu sein, ihr eigenes Spiel einigermaßen einschätzen zu können!

Der Vollständigkeit halber möchte ich noch erwähnen, daß hier auf die Spielweisen der Baßtrommeln und der dazugehörigen Stockhaltung nicht eingegangen wird, da dieses Thema für diesen Zusammenhang zu umfangreich ist und ein eigenes Gebiet darstellt: Stockhaltung bedarf gesonderter Übung, zudem wird beim Glocken- und Trommel-Spiel gleichzeitig eine ganz andere Koordination erforderlich.

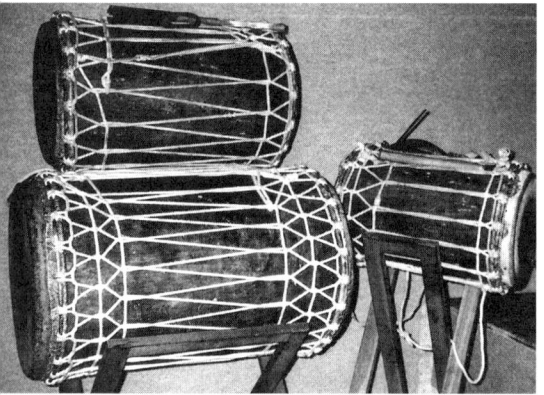

Auf der CD sind die zu den Rhythmen gehörenden Baßtrommelstimmen jedoch mitgespielt, da sie den Gesamtsound erst vervollständigen und abrunden. Größtenteils ist der Charakter eines Stückes bei den Djembé-Rhythmen sogar gänzlich von den Baßtrommel- und Glockenstimmen geprägt.
Letztendlich sollte der Spieler ja nach Beschäftigung mit der beiliegenden CD auch in der Lage sein, sich an einer Baßphrase zu orientieren, vielleicht sogar beim Improvisieren daran entlangzuhangeln.

Für Interessenten oder ganze Ensembles habe ich die Baßtrommelrhythmen der Vollständigkeit halber ausnotiert. Notationshinweise findet Ihr auf Seite 31 und 72.

Die drei Baßtrommeln (siehe Foto) bezeichnet man wie folgt:
Die größte heißt **DOUNDOUNBA**, die mittlere **SANGBA**, die kleinste **KENKENI**.
Meist ist jede der drei mit einer Glocke versehen, die mit einem Metallstöckchen geschlagen wird. Die Baßtrommeln selbst werden mit einem Holzstock gespielt, der mehr oder weniger dick ist, je nach Größe der Trommel. Recht häufig werden auch Doundounba und Sangba übereinander montiert und von einem Spieler zusammen bedient. Vielfach stellt man die Basstrommeln heute auch senkrecht auf, da es sich so leichter spielen läßt, besonders alle Bässe zusammen (Foto). Die Glokken muss man so allerdings gesondert montieren.

II. THEORIE

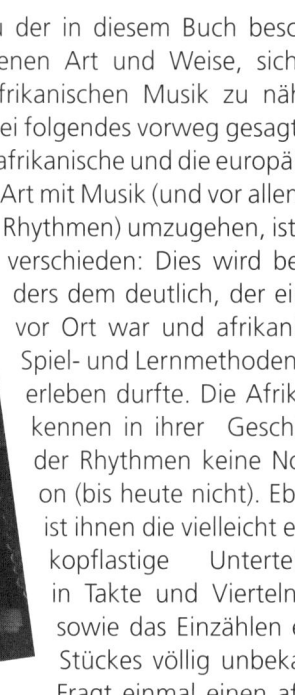

Zu der in diesem Buch beschriebenen Art und Weise, sich der afrikanischen Musik zu nähern, sei folgendes vorweg gesagt: Die afrikanische und die europäische Art mit Musik (und vor allem mit Rhythmen) umzugehen, ist sehr verschieden: Dies wird besonders dem deutlich, der einmal vor Ort war und afrikanische Spiel- und Lernmethoden miterleben durfte. Die Afrikaner kennen in ihrer Geschichte der Rhythmen keine Notation (bis heute nicht). Ebenso ist ihnen die vielleicht etwas kopflastige Unterteilung in Takte und Viertelnoten sowie das Einzählen eines Stückes völlig unbekannt. Fragt einmal einen afrikanischen Trommler, wo bei einem Rhythmus die „eins" ist. Ihr werdet nicht viel Erfolg haben, eher ratlose Blicke werden Euch entgegenkommen. Die afrikanischen Musiker brauchen diese Orientierung nicht und kennen sie auch nicht. Sie richten sich hauptsächlich nach der Bloquage, den anderen Stimmen, vor allem aber nach dem Rhythmus der Baßtrommeln, oftmals aber auch nach den Gesängen. Dies verrät ihnen, wie sich ihre Trommelstimme in die anderen einfügt. Den Beat und die „eins" benötigen sie als Hilfsmittel nicht, es stört sie eher, wie beatbezogen wir Europäer hören.

Wir Europäer sind nun einmal nicht in einem afrikanischen Umfeld aufgewachsen, wo wir uns der Orientierungshilfen dieser Kultur bedienen könnten. Wir müssen unsere Rhythmen einzählen, ausnotieren, ablesen etc. und benötigen einen Beat und die „eins". Auch unser Gedächtnis für Rhythmen ist prinzipiell nicht so trainiert: Um sie sicher speichern zu können, benötigt man schon einige Übung.

Leider ist es auch eine Tatsache, daß in unserer Gesellschaft das Gehör immer mehr vernachlässigt und kaum gefördert wird: An einem großen Konzert (z.B. im Rock-‚Pop-Bereich) interessiert uns doch mittlerweile die Bühnenshow mehr als die Musik selbst! In vielen Bereichen können wir „zivilisierten" Menschen uns gar nicht mehr auf unser Gehör verlassen. Man beobachte z.B. einmal in einer Disco, wieviele Menschen überhaupt nicht nach dem Beat der Musik tanzen, ja teilweise sich nur nach dem Rhythmus der flackernden Lichter orientieren!

Allgemein sind wir hierzulande sehr „optisch geschult".
Daher halte ich es auch für angebracht, sich der afrikanischen Musik mit **unseren** Methoden zu nähern. So aufgesetzt ist das auch gar nicht,

da die Djembé-Rhythmen zu über 99% im 4/4tel Takt gespielt werden und sich auch von der Form (wenn es Gesänge oder festgelegte Soli dazu gibt) dankbar in unsere bekannten Raster einfügen lassen (8-, 12-, 16-Takt-Formen).

Lediglich das Spielgefühl und die Ausdrucksweise bleiben etwas, das auch wir (zum Glück) nicht ausnotieren können!

Phrasierung

Um die sogenannte Phrasierung eines Stückes oder einer Stimme herauszuhören, ist es zunächst notwendig, den Beat zu erfassen, den sog. 4tel-Puls des Stückes. Ein Patentrezept gibt es hierzu nicht, oftmals ist der Beat aber ganz einfach das, was wir intuitiv mit dem Fuß mitwippen, erfahrungsgemäß stimmt das, wenn wir uns auf unser Gefühl verlassen. Fast immer kann man über das melodische und rhythmische Thema eines Stückes (z.B. bei Gesang) oder durch die Improvisationen zum sogenannten Beat finden.

Der so gefundene Beat stellt für uns nun den 4tel-Puls dar:
Diese einzelnen 4tel Noten kann man wiederum in 8tel Noten weiter unterteilen und diese nochmal in 16tel (weiter natürlich auch noch beliebig in 32tel und 64tel).

Notierungsweise

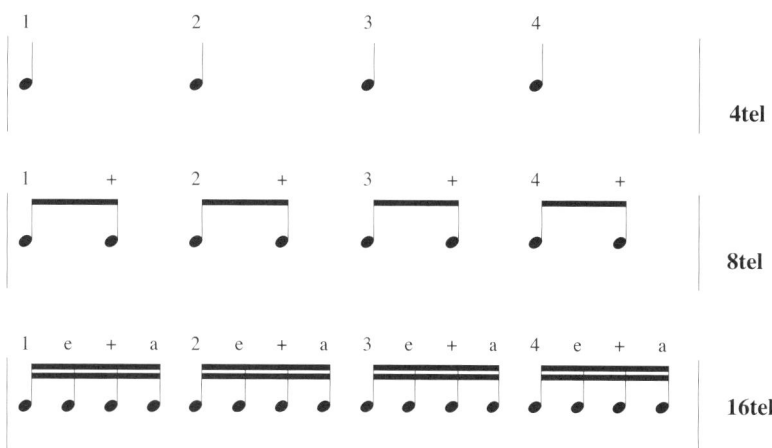

Die Bezeichnungen „1, e, +, a,..." sind Namensgebungen für die einzelnen Positionen innerhalb eines 4tel-„Päckchens" in einem Takt. Darauf wird später noch genauer eingegangen. Diese (zeitlichen) Lagebezeichnungen erleichtern es uns, auf einen Blick zu erkennen, wo sich eine zu spielende Note im Raster befindet.

All diese Unterteilungen von 4tel Noten bezeichnet man als **binär,** weil sie durch 2 teilbar sind. Der zugrundeliegende **zweiteilige** Wert wird **zweiteilig** untergliedert.

Man kann den 4tel Puls andererseits in 3er Grüppchen unterteilen, sogenannte Triolen-Achtel, (weiter dann in 6er Grüppchen, sog.16tel Triolen, usw.). Dann sprechen wir von **ternärer** Phrasierung, der zugrundeliegende **zweiteilige** Wert wird **dreiteilig** untergliedert.

In der Phrasierung sollten übrigens alle Musiker eines Stückes übereinstimmen, sonst klingt's furchtbar!

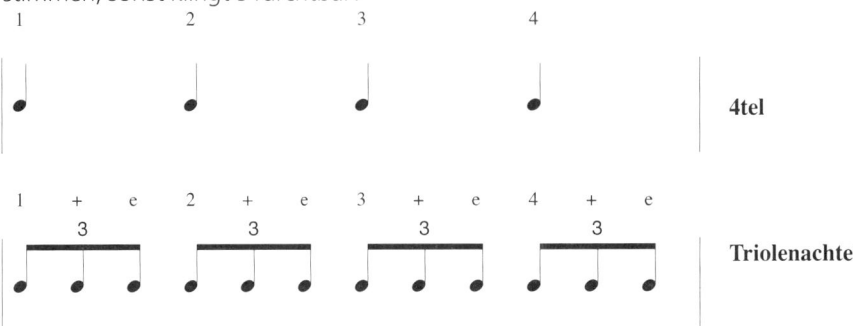

Das Wort Phrasierung sagt uns also nur, was sich zwischen den Vierteln abspielt: Wird hier in 2er oder 3er Gruppen weiter unterteilt?

Natürlich kann man auch einen 3/4 oder 5/4 Takt oder ähnliches als binär oder ternär bezeichnen. Es gilt in jedem Falle, die 4tel Schläge auszumachen und deren weitere Unterteilung herauszufinden (mit der Zeit kommt das automatisch!).

Diese Unterteilung bietet uns die Grundlage, den Teppich für Rhythmen und Improvisationen!

Hört Euch mal verschiedene Musikstile an:

Samba z.B. ist immer binär (zumindest formal), Blues zum allergrößten Teil ternär (Shuffle), ebenso Swing. Der Großteil der Rockmusik spielt sich im Binären ab.

Allgemein schreibt man dem Binären einen härteren, dem Ternären einen weicheren, fließenderen Charakter zu.

Untersucht immer wieder übungsweise die Musik in Eurem Umfeld daraufhin: Schließlich ist es unerläßlich, zu wissen ob man in Triolen oder in 8tel und 16tel Unterteilung spielen muß. Mit einiger Übung geht das aber intuitiv.

Die Unterteilung von 4teln bis in 16tel, bzw. Achteltriolen reicht uns auch vollständig als Raster, auf dem so gut wie alle unsere Djembé-Rhythmen aufgebaut sind, für Improvisationen darüber größtenteils auch.

Häufig fragen Djembéspieler, warum immer von ternären 4/4tel-Takten und nicht von 6/8tel-Takten die Rede ist. Eine echte 6/8tel-Auffassung finden wir z.B. bei dem Weihnachtslied „Schneeflöckchen" vor. Wie man merkt, hat man hier als durchgehenden Beat sechs Schläge pro Takt als Time. Bei unseren Djembé-Rhythmen sind es vier, dazwischen liegen Triolen. Auch im Jazz finden wir ternäre („swing-phrasierte") 4/4tel-Takte vor. Hier würde auch niemand von 6/8tel-Takten sprechen.

Wir Djembé-Trommler haben nun eine Möglichkeit zu spielen, um die uns viele andere Instrumentalisten beneiden: Wir können das Raster aus 16tel Noten, bzw. 8tel Triolen die ganze Zeit mit unseren zwei Händen abwechselnd durchspielen! Alle anderen Musiker müssen das Raster spüren, bei guten Spielern tickert es im Kopf quasi die ganze Zeit durch.

„Hand-to-Hand"-Spiel

Mit leisen, kaum hörbaren Schlägen, sogenannten Tabs können wir das Raster von Hand zu Hand, also immer rechts, links abwechselnd durchspielen. Die Tabs kann man einfach leise mit den Fingerspitzen auf der Fellkante spielen. Sie sollten jedoch auf keinen Fall mit großen oder gar seitlichen Bewegungen ausgeführt werden, was man bei ungeübten Spielern häufig sieht. Das „frißt" Zeit und macht unseren Spielfluß kaputt!

Das „Hand-to-Hand"-Spiel ist im Djembé-Bereich gängig und es lohnt sich, gute Spieler daraufhin zu beobachten:
In Afrika sieht man oft, dass sich erfahrene Spieler an neue Rhythmen herantasten, indem sie erst <u>nur</u> Tabs spielen und dann langsam Bass, Ton, Slap hinzufügen, bis sich eine Figur ergibt.

Wenn man (insbesondere als Anfänger) versucht, den gleichen Rhythmus mit und ohne Hand-to-Hand zu spielen, wird man schnell den Unterschied hören: Es ist ungleich schwerer, ein Motiv oder eine Phrase ohne das rastermäßige Durchspielen präzise zu plazieren, als mit der bewährten Methode. So gelingt es sogar Anfängern schnell, Rhythmen exakt nachzuspielen. Die Exaktheit hat in der Musik eine immense Bedeutung: sie hängt ganz eng zusammen mit Groove und ist nicht zu verwechseln mit maschinenartigem Spielen. Dort, wo es wunderbar swingt und wir am liebsten mittanzen möchten, wird auch ungemein genau gespielt!
Die Tabs sind ja außerdem nicht völlig lautlos, wahrgenommen werden sie auch von außen allemal („Ghostnotes") und schieben besonders bei löchrigen Rhythmen ungemein nach vorne, ja lassen den Rhythmus viel flüssiger klingen. Zwar muss man sich an die Tabs anfangs vielleicht etwas gewöhnen, aber eigentlich macht das gleichmäßige rechts-links-Schlagen auch viel mehr Spaß.
Nur bei rasant schnellen Tempi oder bei gut begleiteten Soli verzichtet man üblicherweise aufs Hand-to Hand.

Akzentverschiebungen

Die wichtigsten Vorübungen dazu sind die Akzentverschiebungen (moving accents):
Damit ist eine wechselnde Betonung, also Akzentsetzung über dem Raster gemeint.
Zur Notierungsweise sei noch erklärt: mit „r, l" ist dargestellt, mit welcher Hand ein Schlag ausgeführt wird. So ist auch beim Spielen auf einen Blick zu erkennen, auf welche Hand ein Schlag fällt.

Kann man, wie in den Akzentverschiebungen geübt, jeden Schlag innerhalb des Rasters eines Taktes besetzen (mit allen drei Schlagarten), ist man auch in der Lage, alles zu kombinieren, zu mischen und somit eigene Rhythmen zu entwickeln, zu verändern und zu improvisieren.
Macht diese Übung sorgfältig, sie bietet Euch später eine felsenfeste Grundlage für Rhythmen und Improvisationen, sie garantiert Sicherheit in binären und ternären Rhythmen. Die einzelnen Schläge in der Übung sind vergleichbar mit dem Alphabet: logischerweise muß man zuerst die Buchstaben beherrschen, bevor man ganze Worte und sinnvolle Sätze bilden kann!

Akzentverschiebungen binär:

Hände:
(Linkshänder eventuell
alles andersherum!)

Fuß:

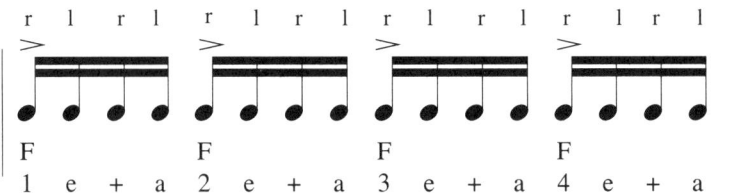

Nun werden nach und nach alle anderen Positionen mit einem Akzent versehen:

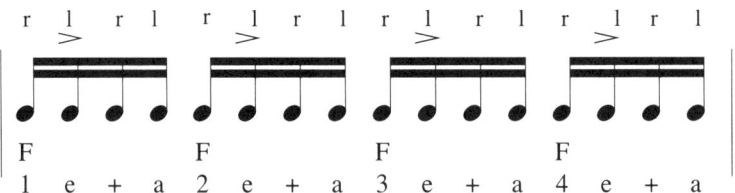

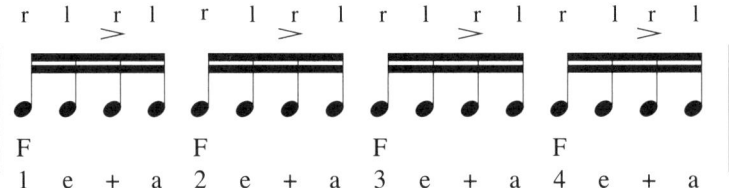

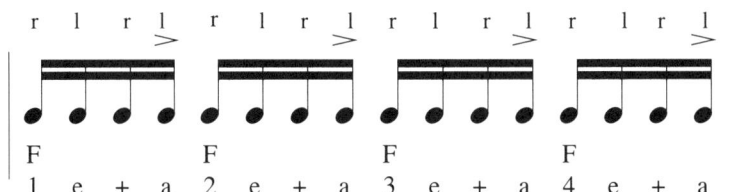

Daß der rechte (oder linke) Fuß bei dieser Übung immer sauber auf dem Beat mitwippt, ist nicht unerheblich: Später werden wir das brauchen, wenn wir die afrikanischen Rhythmen spielen (besonders auch in hohem Tempo), da manche Stimmen die unangenehme Eigenschaft haben, daß man sie gerne verschoben hört. Nur mit einem Fuß, der fleißig den Takt hält, können wir solche Rhythmen sicher durchspielen (besonders, wenn noch andere Stimmen dazukommen und alles verschachtelt ineinandergreift!). Aber auch schon beim Durchspielen dieser Übungen werdet Ihr merken, daß man **ohne** Fuß die Akzente, die nicht auf dem Beat sind, schnell verschiebt und man dort fälschlicherweise den Beat hört!

Wer das Hinzunehmen des Fußes dann zu üben versäumt hat, wird sich ärgern, daß er noch mal zurückgehen und diese Übung nachholen muß.

Ein weiterer wichtiger Aspekt hierbei ist noch, daß man sich auch Fuß-schellen umbinden kann, mit denen man sich quasi selbst begleiten kann: Rasseln die Glöckchen nun mitsamt dem Fuß im Vierteltakt mit, ergibt sich ein toller Klangteppich, der eine weitere Soundquelle dar-stellt und jeden Rhythmus runder klingen läßt. Gängig sind entweder Fußschellen mit 1-4 Reihen Glöckchen oder Schnüre mit getrockneten Kolanüssen (siehe Foto). Letztere sind recht laut und eignen sich beson-ders zum Einsatz in Ensembles, da sich die Glöckchen hier nicht mehr genügend durchsetzen.

Die Akzente in dieser Übung stellen in diesem Kontext einen Schlag dar: Im Gegensatz zu den Noten ohne Akzent (Tabs) wird hier ein „rich-tiger" Schlag ausgeführt; dabei kann man sich aussuchen, ob man diese Stelle mit einem Slap, Ton oder Baß spielen möchte. Wichtig ist, daß man alles einmal gemacht hat.

Am Anfang mögen diese Bewegungsabläufe etwas gewöhnungsbe-dürftig sein, man lernt das aber schnell, wenn man sich einmal Zeit nimmt und vor allem in Ruhe überlegt, welche Hand und welche Schlagart wie mit dem Fuß zusammenkommt und wie das alles im Raster liegt.
Daher ist hier auch alles sorgfältig ausnotiert, damit Ihr auf einen Blick erkennen könnt, wie alles zusammenkommt.
Gut ist es auch, im Zweifelsfall erst einmal ohne rhythmischen Fluß zu üben, also jedes Päckchen erst einmal einzeln zu spielen, ohne den exakten Abstand der Schläge zueinander einzuhalten. Hauptsache, Ihr bringt erst einmal alles richtig zusammen. Dann übt das Ganze im Rhythmus. Nehmt später auch das Metronom dazu, Tempi ca. ♩= 40 bis 100. So schleichen sich nämlich keine Koordinationsfehler ein, die man nachher nur mit Mühe wieder los wird!

⑧ So, übt nun das Ganze auch **ternär:**

Hände:
(Linkshänder eventuell
alles andersherum!)

Fuß:

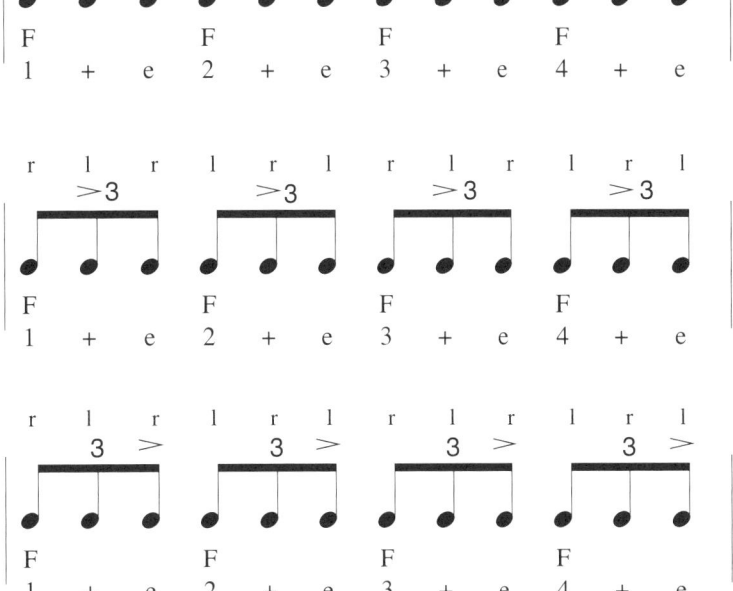

Nun werden auch die anderen Positionen wieder mit Akzent versehen: Als Besonderheit beim Ternären taucht hier nun auf, daß sich der Handsatz innerhalb eines Taktes ständig ändert, wenn wir Hand-to-Hand spielen, da drei eine ungerade Zahl ist, und somit auf die „zwei" und „vier" eines ternären Taktes die linke Hand fällt, auf "eins" und "drei" die rechte.

Achtet auch bei den ternären Akzentverschiebungen auf das genaue Zusammenspiel beider Hände mit dem Fuß.

Nehmt auch wieder das Metronom dazu, Tempi zw. ♩= 40-100.

Für binäre wie ternäre Rhythmen gilt generell: Jede Position innerhalb eines Päckchens hat einen ganz eigenen Charakter.
Im Binären z.B.:

1 , 2 , 3 , 4   = auf dem Beat, sicher, erdig

1e, 2e, 3e, 4e   = „synkopiert", wirkt verschoben, versetzt, unruhig

1+, 2+, 3+, 4+   = „Off-Beat", klingt luftig, dem Beat entgegengesetzt

1a, 2a, 3a, 4a   = „synkopiert", unruhig, hat starken Auftaktcharakter zum nachfolgenden Beat. In Kombination mit diesem ergibt sich die typische Samba-Baß-Figur:

Im Ternären:

1 , 2 , 3 , 4   = auf dem Beat, sicher, erdig

1+, 2+, 3+, 4+   = unruhig, wackelig, verschoben, selten in einem Thema gespielt

1e, 2e, 3e, 4e   = „Off-Beat", dem Beat entgegengesetzt, in Kombination mit dem Beat-Schlag ergibt sich der sogenannte Shuffle:

Das sind natürlich nur grobe und immer etwas subjektive Charakterisierungen der Positionen in einem Takt. Am besten, Ihr versucht selbst herauszufinden, welche Positionen Euch besonders gut gefallen und welche Stimmungen sie hervorrufen.
Beginnt ein Rhythmus (bzw. eine Melodie) mit einem oder mehreren Schlägen vor "eins", so spricht man von einem Auftakt. Dieses Phänomen findet man in nahezu allen Musikrichtungen.

Übrigens kann man das Raster im Binären wie Ternären vielfältig nutzen: An jeder Position unseres Rasters haben wir auf der Djembé vier Möglichkeiten, einen Schlag auszuführen:

- Tab (also quasi Leerschlag).
- Baß
- Ton
- Slap

Im binären 4/4tel Takt haben wir 16 Positionen zur Verfügung, das ergibt die unglaubliche Zahl von 4 hoch 16 = ca. 4,3 Mrd. Kombinationsmöglichkeiten für einen Takt!!! Wir können also knapp 4,3 Mrd. mal die 16 Positionen mit verschiedenen Schlägen besetzen und somit alles neu kombinieren, ohne daß eine Version wie eine andere klänge!

Ausnotiert sehen unsere Auswahlmöglichkeiten also so aus (im binären 4/4tel Takt):

- Versucht einmal, einige Möglichkeiten auszuwählen, zu notieren und zu spielen (Fuß nicht vergessen!).
Jede Kombination hat wieder ihren eigenen Charakter.
Es gibt eigentlich nichts, was nicht klingt, alles ist legitim.

Nach dem Kombinationsprinzip setzen sich übrigens auch all unsere afrikanischen Rhythmen zusammen: Die Phrasen (also rhythmischen Figuren) können dabei über einen halben, einen ganzen oder zwei Takte gehen, ehe sie sich wiederholen (s. auch Notation der Original-Rhythmen).

- Ebenso kann man einfach mal das Raster (Tabs) spielen und wild loslegen und die unterschiedlichen Positionen mit den verschiedenen Schlägen besetzen (Fuß hier als Bezugspunkt besonders wichtig), ohne zu planen was man eigentlich spielen möchte.
Hört mal genau hin, wie die eine oder andere Zusammensetzung klingt, die dabei herauskommt!
(Eventuell merken, aufnehmen oder herausschreiben).

- Die andere Methode ist die, bei der es erforderlich ist, daß man vorher eine Idee einer rhythmischen Figur hat und diese dann auf das Hand-to-Hand-Spiel überträgt. Dies mag zwar etwas schwieriger sein und erfordert auch mehr Übung, aber es ist eigentlich unser Ziel, zuerst eine rhythmische Idee im Kopf zu haben und diese dann auf die Djembé zu übertragen. So wird normalerweise auch soliert, man kann das schön beobachten, wenn ein Musiker bei seinen Improvisationen mitspricht oder mitsingt; der weiß, was er spielt und so klingt es auch!

Wichtig ist natürlich wieder das gleichmäßige Durchspielen des Rasters: Nehmt Euch immer wieder auf, um kritisch zu kontrollieren!

– Das Raster bietet drittens auch die Möglichkeit, eine gehörte Phrase herauszuschreiben:

- Werdet Euch dazu erst einmal über den Beat, also den 4tel-Puls im Stück klar (Fuß hier wieder ganz wichtig!).

- Dann singt Ihr die gehörte Phrase über den mit dem Fuß gewippten Beat. Für die Schläge ist es ratsam, sich Silben einfallen zu lassen, zum Beispiel „Bum" für den Baß, „Tok" für den Ton und „Tak" für den Slap, oder etwas ähnliches.

- Nun spielt Ihr mit den Händen das Raster (16tel, bzw. Triolen) dazu.

- Da, wo auf dem mit den Händen durchgespielten Raster nun ein Schlag gesungen wird, notiert nun den jeweiligen Schlag: Wenn dieser mit dem Fuß zusammenkommt, muß er logischerweise auf der 1, 2, 3 oder 4 des Taktes liegen, fällt er auf die linke Hand, kann es nur einer der synkopierten Schläge sein (1e, 1a, 2e, 2a,...). Fällt er mit der rechten Hand, nicht aber mit dem Fuß zusammen, handelt es sich auf jeden Fall um einen Off-Beat: 1+, 2+, 3+ oder 4+.

Mit diesem einfachen „Rezept" kann man sich also schon eine Stimme heraushören. Hilfreich kann es auch sein, sich einen Zettel zurecht zu legen, auf dem das Raster schon aufgemalt ist.

Freies Positionen-Besetzen

Mitunter will oder muß man (z.B. bei sehr hohem Tempo) das Hand-to-Hand-Spiel verlassen. Dabei ist die wichtigste Voraussetzung, daß man alle Positionen des Rasters quasi „aus der Luft heraus", ohne durchgespieltes Raster besetzen kann, und das mit allen drei Schlagarten.
Das klingt erst einmal einfacher als es ist. Von Bedeutung ist hier wieder der Rekorder: Erst er bringt Aufschluß, ob man präzise auf die Position gespielt hat oder nicht.
Voraussetzung dafür ist, daß das Raster im Kopf durchtickert. Bei guten Musikern ist das immer der Fall!

Schritt 1 : Unter Zuhilfenahme des Metronoms alle Positionen anspielen (mag erst etwas trocken klingen, ist aber eine sehr spannende Angelegenheit). Fangt langsam an und steigert nach und nach das Tempo!

Schritt 2 : Zur CD (binär am besten Djolé, ternär Soli, jeweils langsame Version) alle Positionen anspielen (in diversen Tempi).

Kombinationen der einzelnen Positionen

Die Positionen kann man nun innerhalb eines Taktes, ja innerhalb eines „16tel Päckchens" beliebig kombinieren, womit wir uns dem Improvisieren mit großen Schritten nähern:

Ich notiere hier einmal alle Möglichkeiten im binären 4/4tel Takt:

1 Position:

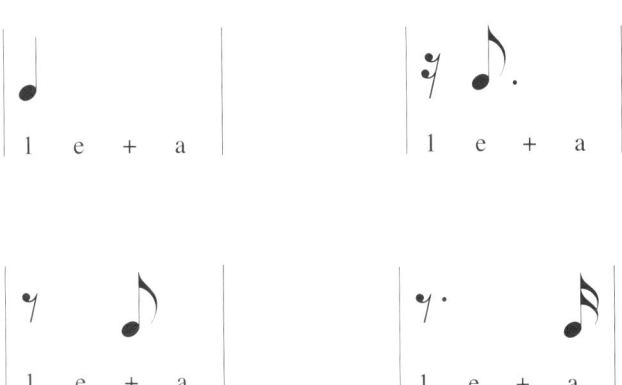

2 Positionen:

1   e   +   a

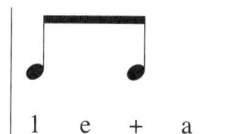

1   e   +   a

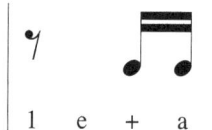

1   e   +   a

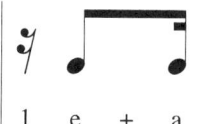

1   e   +   a

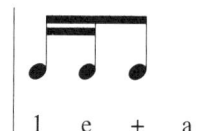

1   e   +   a

1   e   +   a

3 Positionen:

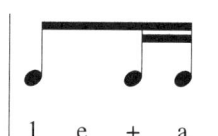

1   e   +   a

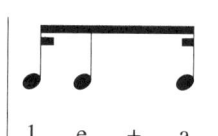

1   e   +   a

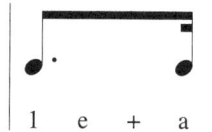

1   e   +   a

1   e   +   a

4 Positionen:

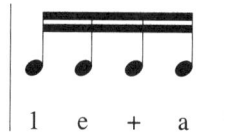

1   e   +   a

Spielt sie alle (erst einmal der Deutlichkeit halber) als **Slaps.**
• zu Metronom und CD
• mit Hand-to-Hand und ohne
• in diversen Tempi

 Hier habe ich zum Metronom einmal exemplarisch alle vier Kombinationen von drei Positionen im binären 4/4tel Takt gespielt (jede Kombination 4x).

 Das gleiche nun zu einem Baßtrommelgroove.

Achtet auf die Präzision, das ist ja das Schwierige an der Sache!
Wenn Ihr mit Metronom übt, löschen die Schläge, die genau auf dem Beat sind, den Metronom-Click im Idealfall aus!

Bei dieser Gelegenheit möchte ich die klassische Notenschreibweise erklären (s. auch Anhang):

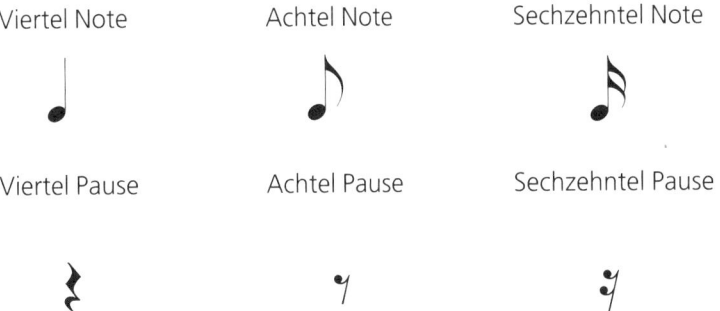

Viertel Note   Achtel Note   Sechzehntel Note

Viertel Pause   Achtel Pause   Sechzehntel Pause

Jede Note trägt das „Fähnchen" am Hals, was dem Abstand zur nächsten Note (bzw. Pause) entspricht!

Ein Punkt hinter der Note verlängert deren Wert um die Hälfte, also z.B. eine punktierte Achtelnote hat den Wert von einem Achtel plus einem Sechzehntel:

Wenn Ihr nun die Kombinationen zur CD (bzw. Metronom) in diversen Tempi sowie mit und ohne Hand-to-Hand geübt habt, versucht auch einmal, einige Kombinationen nicht nur mit **Slaps,** sondern auch mit **Tönen** und **Bässen** zu besetzen. Außerdem muß man eine Kombination natürlich nicht nur auf der „eins" eines Taktes beginnen (wie Bsp. Nr. 9 und 10 auf der CD), sondern überall im Takt können wir unsere Phrase beginnen.

Dies ergibt sichtlich eine immens große Zahl von Kombinationsmöglichkeiten: Genau das ist im Zusammenhang gespielt unsere Improvisationsfreiheit!!!

Im Ternären finden wir nun folgende Konstellationen vor:
1 Position:

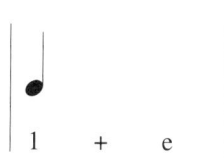

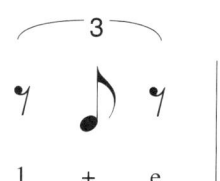

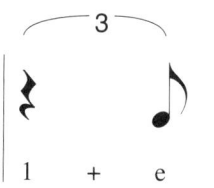

2 Positionen:

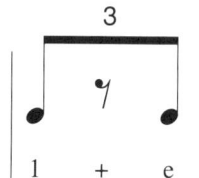

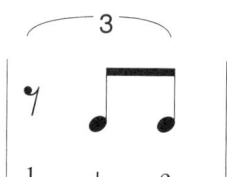

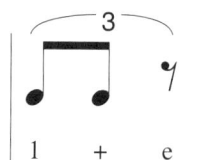

3 Positionen:

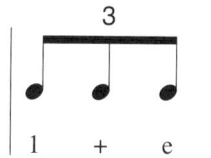

Verfahrt hier ebenso wie im binären 4/4tel Takt: Spielt alle Kombinationen mit den verschiedenen Schlagarten einmal zu Metronom und CD.

 Hier habe ich einmal die drei Kombinationen von zwei Positionen im ternären 4/4tel Takt zum Metronom gespielt (Slaps). Alle jew. auf die „eins" eines Taktes, jede Kombination 4x.

 Das gleiche zu einem ternären Baßtrommelgroove.

Sitzt das sicher, geht über zum Kapitel III. Nun seid Ihr gewappnet für die afrikanischen Rhythmen!

III. SPIELPRAXIS

Zum Spielen westafrikanischer Stücke

Bevor wir uns in die afrikanische Welt der Rhythmen begeben, bedarf es noch kurz der Erklärung einiger Besonderheiten der westafrikanischen Musik:

Auf der beiliegenden CD sind zehn komplette Stücke aufgenommen, vier binäre, vier ternäre, jeweils eins davon in zwei verschiedenen Tempi.

Ihr könnt nun die einzelnen Stimmen mitspielen (siehe die Notation).

Jedes Stück hat mehrere Begleit-Rhythmen, die normalerweise von verschieden hoch gestimmten Djemben gespielt werden. Ein Solo sollte auf der am höchsten gestimmten gespielt werden, die Begleitstimmen auf tiefer klingenden, schließlich soll sich das Solo ja deutlich von den anderen Stimmen absetzen.

Die Baßtrommelrhythmen sind der Vollständigkeit halber mit ausnotiert.

Bloquage Es gibt noch eine kurze Phrase, genannt **„Bloquage",** die man kennen sollte, da mit ihr jedes Stück begonnen und beendet wird. Gleichzeitig ist es auch ein Signal für die Tänzer, falls welche im Spiel sind: Hier wird entweder das Solo eingeläutet oder beendet oder aber, wenn mehrere synchron tanzen, wechseln sie gemeinsam die Tanzfigur.

 Im Binären ist die bekannteste Bloquage:

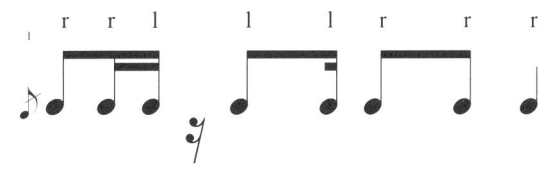

Im Ternären sind die gängigsten Bloquagen:

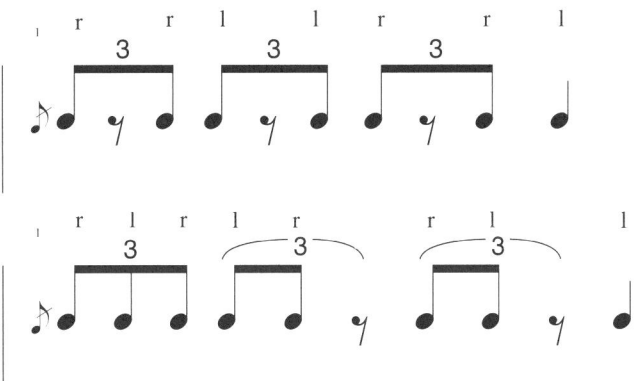

Die „eins" im darauf folgenden Takt ist dann der Beginn des Stückes (abgesehen von Auftakten, die werden natürlich schon in die Bloquage hineingespielt, z.B. Kuku)!

Von den Bloquagen gibt es natürlich auch immer wieder leichte Variationen. Im Prinzip bleiben sie aber immer sehr deutlich erkennbar.

Sinn und Zweck der Bloquage ist: Hier werden Tempo und Phrasierung vorgegeben. Nach Beenden derselben sollten alle Spieler synchron ihre Stimme zu spielen beginnen. Voraussetzung dazu ist, daß man sich während des Hörens der Bloquage auf Tempo und Phrasierung einläßt, das Raster spürt. Konzentriert Euch darauf, sobald Ihr die Bloquage hört. Versäumt man dieses, wird man die „eins" mit ziemlicher Sicherheit nicht genau treffen: Das Stück beginnt schon gleich mit wakkelnden Begleitstimmen und es dauert, bis alle Spielenden sauber im Rhythmus sind.
In der abendländischen Musik kennen wir als Pendant das schlichte „Einzählen" eines Stückes. Auch hier bedienen sich die versierten Musiker der Methode, das Raster oder sogar den eigenen Rhythmus in das Einzählen hineinzusingen.

Echauffement

Ein weiteres wichtiges Spielphänomen in der westafrikanischen Tradition ist das **„Echauffement":** Dieses zeigt das nahende Ende eines Stükkes an oder aber eines Spielabschnittes (z.B. das Ende des Solotanzes einer Tänzerin). Auf das Echauffement folgt meistens die Bloquage.
Sinn und Zweck des Echauffements ist eine mehr oder minder starke Steigerung des Tempos und vor allem der Dynamik. Zum Teil sind für die Baßtrommeln extra Stimmen festgelegt, die während des Echauffements gespielt werden und die Tempo- und Dynamik-Steigerung unterstützen. Man stelle sich vor, daß während des Echauffements die Tänzerin zum nahezu extatischen Höhepunkt ihrer Darbietung kommt und die Temposteigerung unweigerlich heraufbeschwört.

Echauffement im Binären:

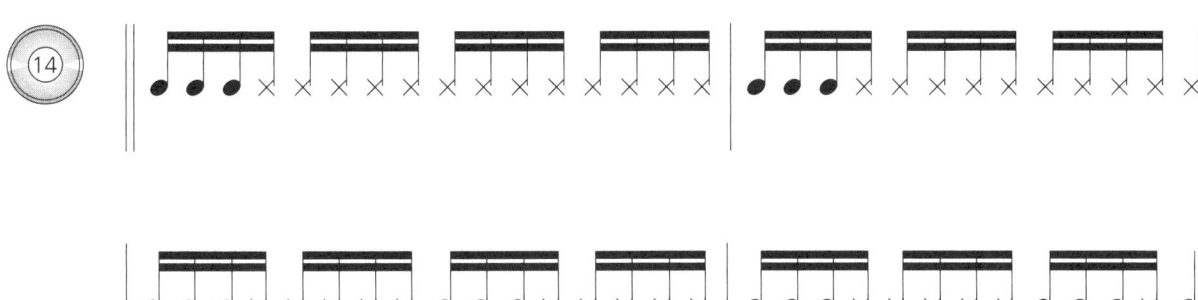

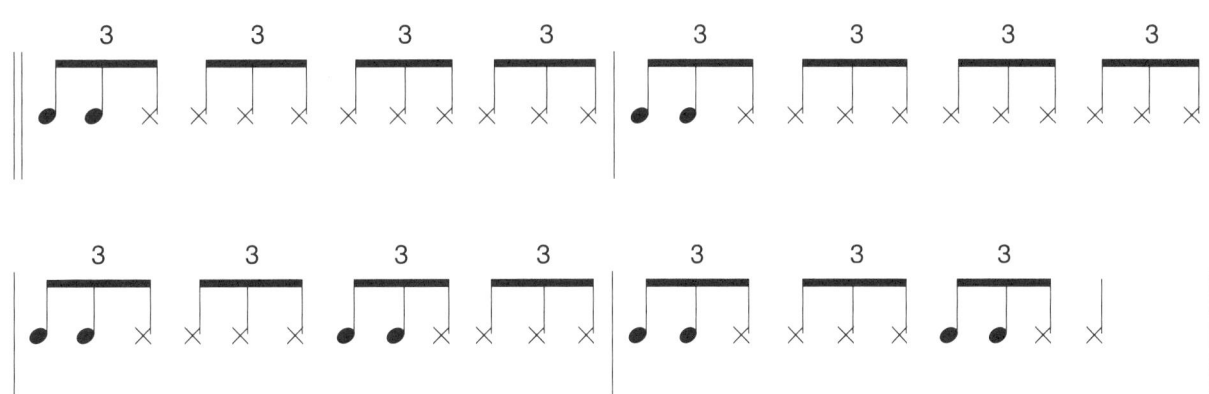

Echauffement ternär:

Auch von den Echauffements gibt es Variationen, diese Notation stellt nur eine Annäherung an den Verlauf des Echauffements dar. Im musikalischen Kontext kann man es aber immer deutlich heraushören.

Zu den hier notierten Originalen sei noch angemerkt, daß die einzelnen Rhythmen die gängigsten Stimmen der Stücke sind, die hier bekannt sind.

Die westfrikanischen Stämme, die diese Rhythmen spielen, kennen keine Notation und praktizieren auch keine Überlieferung per Rekorder-Aufnahme!

Sie geben und gaben ihre Traditionen nur mündlich weiter, weswegen es unweigerlich zu starken Schwankungen in der Interpretation kommt. Eine „amtliche" Version aller Stimmen eines Stückes gibt es eigentlich nirgends, besonders zumal ja kein Urheber, kein Komponist in unserem Sinne auszumachen ist. Die Rhythmen und ganzen Stücke sind im Laufe von Jahrhunderten herausgebildet worden und sind gewachsen mit dem Lebensalltag, aus dem heraus sie entstanden sind.

Besonders durch den zunehmend starken Kontakt mit Europa und Amerika und den langsam aufkommenden Besuchen in beiden Richtungen sind die Rhythmen auch vereinfacht worden.

Von einigen großen Meistertrommlern der Nationalballetts und Kennern der noch ganz alten Traditionen sind jedoch Stimmen laut geworden und Versuche unternommen worden, für die wichtigsten Rhythmen „amtliche" Versionen festzulegen, um dem Durcheinander Herr zu werden, da in den letzten Jahren durch das wachsende Interesse Weißer an der afrikanischen Tradition viel Unterricht erteilt wurde; auch von solchen Lehrern, die die Original-Rhythmen nur ungenau kennen, dies an ihre Schüler weitergaben, diese dann wieder an andere usw.

Durch die Flut von Veränderungen bei der Weitergabe sind natürlich beabsichtigte und unbeabsichtigte Variationen entstanden, von denen heute kaum noch auszumachen ist, welche woher kommt und die ursprünglichste ist.

Vielleicht ist es aber auch gerade gut so, und unsere Art, etwas zu komponieren, auszunotieren und dann über Jahrhunderte hinweg absolut exakt und immer gleich zu reproduzieren (sogar inklusiv der Dynamik, des Tempos, der Lautstärke etc.) entspricht viel weniger der Natur des (musizierenden) Menschen und dem Zeitgeist!
Schließlich haben sich die Rhythmen der Westafrikaner nicht erst seit unserem Auftauchen dort so stark gewandelt, sondern sie taten dies in etwas abgeschwächter Form schon immer! So wie sich Kleidung, Dialekt, Ausdrucksweise, Ernährung, Musikgeschmack und vieles mehr stetig wandeln, so wandeln sich die Rhythmen eben mit. Die hier notierten Versionen sind die, die ich von Trommlern der Nationalballetts oder deren Schülern direkt gelernt habe.

Intros Zu einigen Stücken gibt es auch eine festgelegte Intro. So bezeichnet man ein kleines Vorspiel, das alle gemeinsam spielen. Oft wird es am Schluß auch noch einmal darangehängt oder zwischendrin nach jedem Djembésolo. Für die Baßtrommeln: Die Baßschläge könnt ihr auf der Doundounba, Ton auf der Sangba, Slap auf der Glocke oder der Kesselkante spielen (mit den Handsätzen experimentieren, hängt auch vom Aufbau der Baßtrommeln ab).

CD 15 bis 51, Dauer der Komplett-
versionen: ca. 3 Minuten

Manchmal ergibt eine dritte Djembéstimme ein so komplexes Gesamtbild, daß auf der CD die einzelnen Stimmen nicht mehr auseinander zu halten wären. Daher habe ich diese mit einem * versehen und nur einzeln, nicht in der Komplettversion auf-genommen.

Djolé ist ein Maskentanz aus Sierra Leone, der dort auf eckigen Rahmentrommeln (Sokko) gespielt wird. Die Malinke haben den Rhythmus auf die Djembé übertragen.

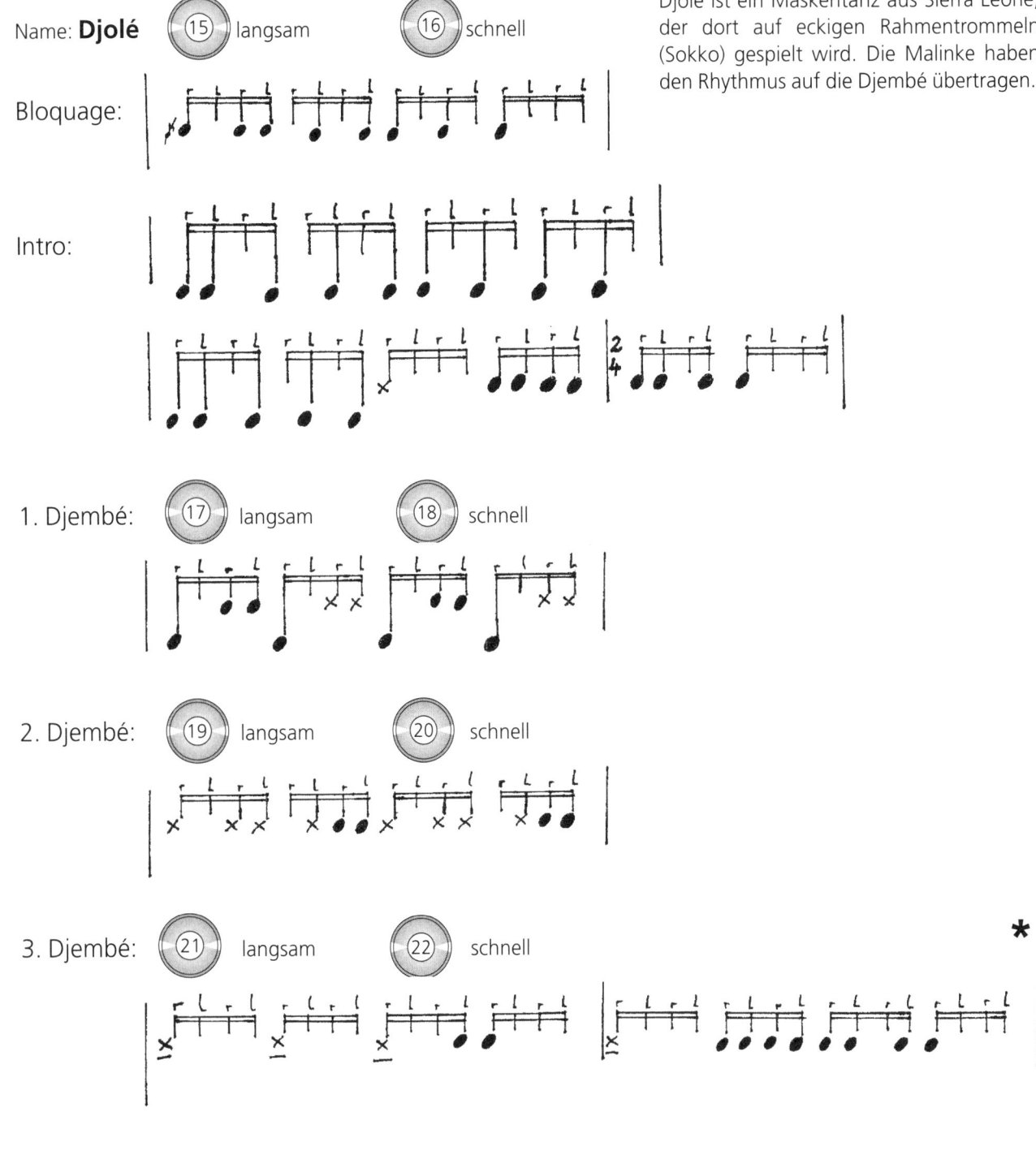

Doundounba, Sangba, Kenkeni (ohne Glocken):

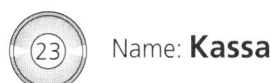 Name: **Kassa**

Kassa ist eine große Rhythmusfamilie bei den Malinke, besonders im Süden Guineas: Verschiedene Kassas werden gespielt während der Ernte, bei der Rückkehr der Arbeiter vom Feld und auf dem Fest nach der Ernte – sozusagen ein „Erntedank-Rhythmus". Bei den Djola von Kassa im Südsenegal wird er als Festrhythmus auf Soruba-Trommeln gespielt.

Bloquage:

1. Djembé:

2. Djembé:

3. Djembé:

Doundounba und Sangba:

Kenkeni:

*

Name: **Cotuba/Forocuruba**

Cotuba ist ein Rhythmus aus Mali. Auch im Senegal wird er häufig gespielt.

Bloquage:

1. Djembé:

2. Djembé:

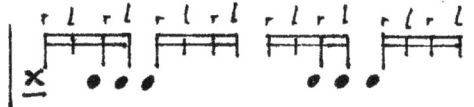

Doundounba und Sangba:

Kenkeni:

Name: **Kuku**

Kuku (= Somolon in Mali) wird für die Fischer gespielt.
Der Rhythmus wird immer in sehr hohem Tempo gespielt.

Bloquage:

 1. Djembé:

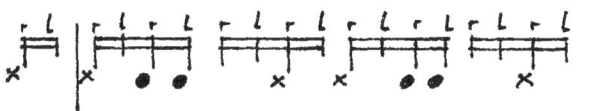

 2. Djembé:

 3. Djembé:

*

Doundounba und Sangba:

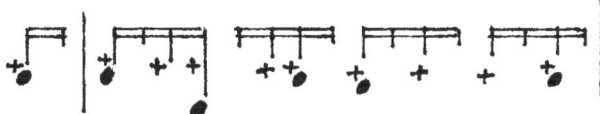

Variation:

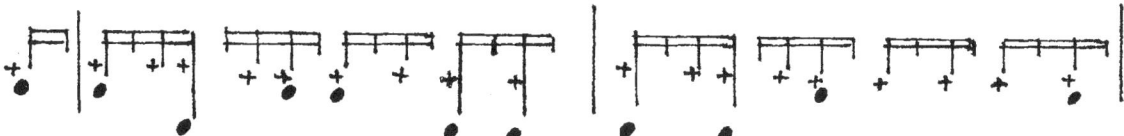

Kenkeni:

41

(34) langsam (35) schnell   Name: **Soli**

Soli wird in Guinea gespielt auf dem Fest nach der Initiation der kleinen Jungen.

Bloquage:

Intro Djembé:

Intro Basstrommeln:

(der Doundounba-Spieler nimmt für die hohen Töne die Sangba dazu, der Sangba-Spieler bedient sich dafür der Kenkeni. Der Kenkeni-Spieler kann pausieren. Das funktioniert natürlich nur bei senkrecht aufgestellten Basstrommeln).

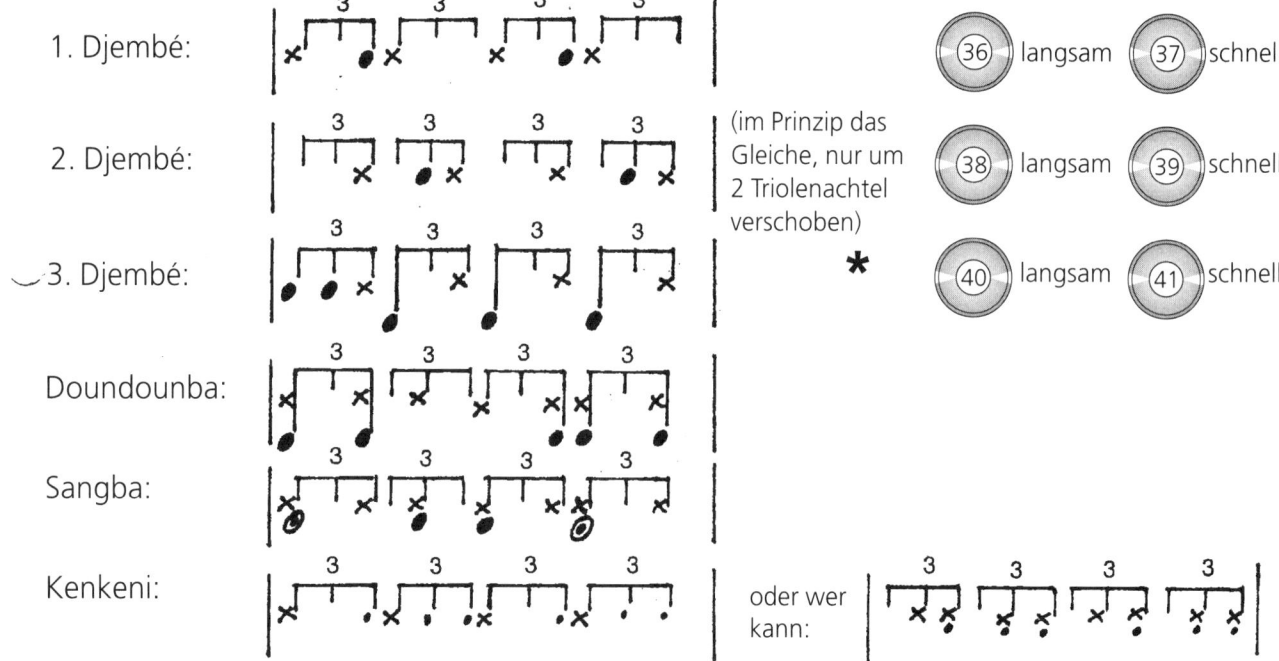

1. Djembé:

2. Djembé:

3. Djembé:

Doundounba:

Sangba:

Kenkeni:

(im Prinzip das Gleiche, nur um 2 Triolenachtel verschoben)

*

(36) langsam (37) schnell

(38) langsam (39) schnell

(40) langsam (41) schnell

oder wer kann:

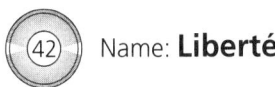 Name: **Liberté**

Liberté kommt aus Guinea, es geht dabei um die Befreiung von den Kolonialmächten.

Bloquage:

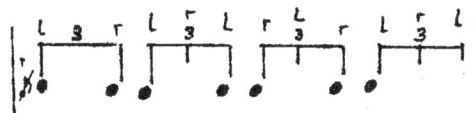

1. Djembé:

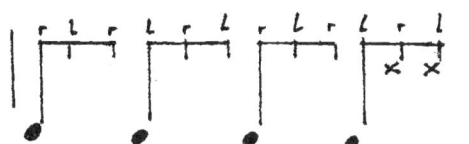

2. Djembé:

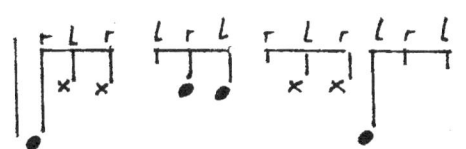

Doundounba und Sangba:

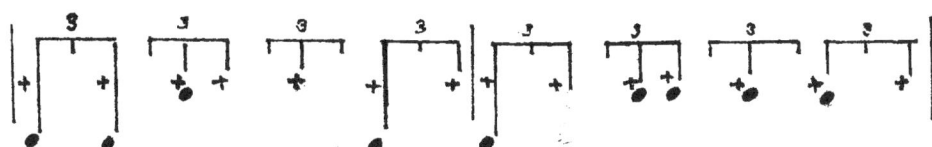

Kenkeni:

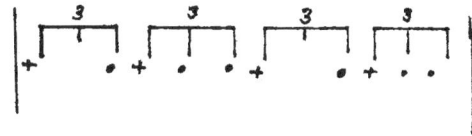

Der Rhythmus kommt von den Baga in Guinea. Original wird er nur auf Basstrommeln gespielt! Kakilambé ist eigentlich ein Gott, vor dem sich alle sehr fürchten, da er bösartig sein kann. Er wird einmal im Jahr dargestellt von jemandem auf Stelzen, komplett verhüllt, da niemand wissen darf, wer in dem Kostüm steckt (s. Foto S. 46).

Name: **Kakilambé**

Bloquage:

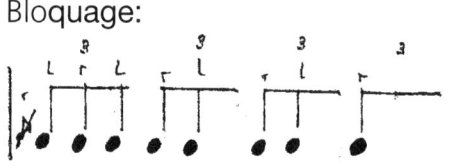

Dieser Handsatz empfiehlt sich bei der Bloquage, wegen Flam und dichter Schlagfolge, damit man auf der "1" mit rechts auskommt.

Man kann aber z.B. auch den Vorschlag mit links machen und dann hand-to-hand durchspielen.

1. Djembé:

2. Djembé:

3. Djembé:

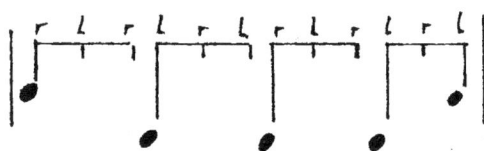

Doundounba und Sangba:

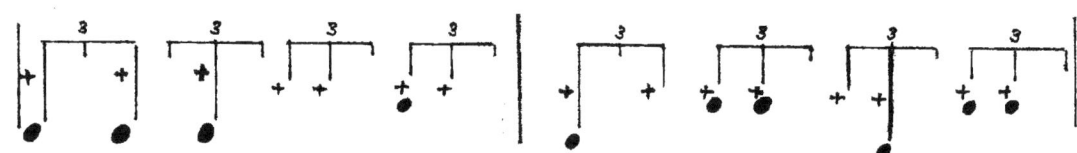

Kenkeni:

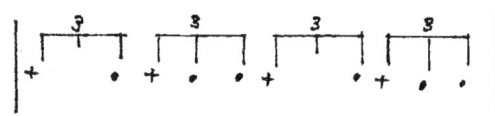

Name: **Tiriba**

Bloquage:

Dieser Handsatz empfiehlt sich bei der Bloquage, wegen Flam und dichter Schlagfolge, damit man auf der "1" mit rechts auskommt.
Man kann aber z.B. auch den Vorschlag mit links machen und dann hand-to-hand durchspielen.

 ## 1. Djembé:

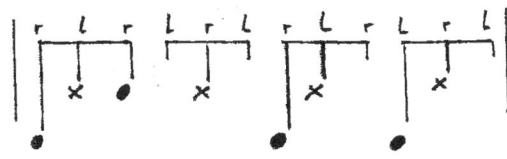

2. Djembé:

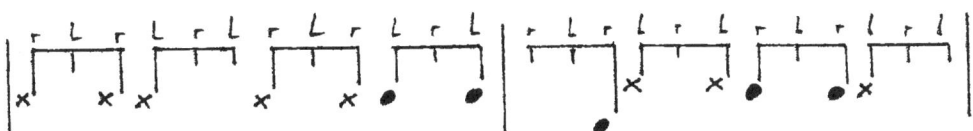

Doundounba und Sangba:

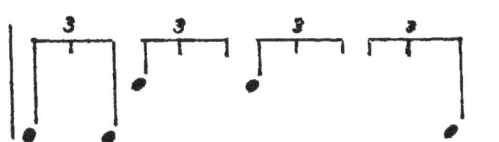

Kenkeni:

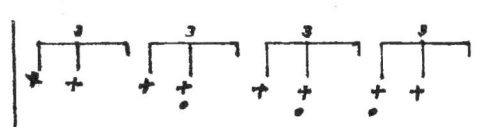

Zum Erarbeiten der Original-Rhythmen

Kakilambé

• Sucht Euch nun eine Stimme aus, die ihr lernen wollt (z.B. Djolé 1. Begleitung für den Anfang).

• Versucht dann, anhand der Notation und Handsätze den Rhythmus (Hand-to-Hand) auf die Djembé zu übertragen. Nehmt Euch dazu erst einmal das jeweils 1. „Päckchen" vor (Fuß dabei nicht vergessen!). Wenn das sitzt, spielt das zweite. Dann hängt beide zusammen. Verfahrt so auch mit dem dritten und vierten Päckchen (sofern diese, wie beim Djolé – erste Begleitung – , nicht identisch mit dem ersten und zweiten sind). Dann hängt alles aneinander, so daß die ganze Phrase sitzt.

• Auf der CD ist nun jedes Stück einmal komplett aufgenommen, so wie es gespielt wird, dann ist jede Stimme einmal einzeln herausgenommen, so daß Ihr Euch alles auch allein anhören könnt. Die Komplett-Versionen sind meist etwas auf Tempo gespielt, damit sie flüssiger klingen (Ausnahme: langsamer Djolé und langsamer Soli), meistens fängt jeder Groove erst ab einem bestimmten Tempo zu „schwingen" an. Oft jedoch werden die Rhythmen aber noch viel schneller gespielt, wenn Tänzer dabei sind oder die Spieler ihr solistisches Können zeigen wollen. Damit Ihr Eure Stimme nun einmal richtig hören könnt, sucht Euch die isolierte Fassung heraus, die übrigens auch langsamer aufgenommen ist. Hierzu könnt Ihr auch schon einmal mitspielen.

• Spielt dann einmal zur Komplett-Version mit. Diese ist nun jew. (außer bei Kakilambé) so gestaltet, daß Ihr mittels des Balance-Reglers die 1. Stimme hervorheben könnt, indem Ihr den Regler nach links dreht, die 2. Stimme verschwindet dann zunehmend. Rechts herum wird die 2. Stimme hervorgehoben, die erste ist kaum mehr hörbar. Beim Kakilambé ist die 3. Stimme rechts und links hörbar.

Da der Djolé ja zwei mal aufgenommen ist - ebenso wie der Soli - könnt Ihr versuchen, Eure Stimme nun auch mal in dem schnelleren Tempo zu spielen: Für Begleitung 1 vom Djolé nehmt Ihr dazu Track 18. Ihr könnt aber auch erst mal probieren, alle Stimmen eines Stückes zu lernen. Eine sehr ähnliche Stimme wie die vom Djolé, Begleitung 1 ist die von Kassa, Begleitung 2. Begleitung 2 vom Djolé ist sehr ähnlich der ersten Begleitung vom Kassa. Begleitung 2 vom Soli ist identisch mit der ersten, lediglich um zwei Triolenachtel verschoben.

• Beherrscht Ihr eine Stimme einigermaßen sicher, versucht beim Mitspielen zur CD auch auf die anderen Stimmen zu hören sowie auf den Gesamtsound!

Der Schwierigkeitsgrad steigert sich in der Auflistung von vorne nach hinten. Ich empfehle für den Anfang Djolé oder Kassa. Sämtliche ternäre Rhythmen, besonders aber Kakilambé und Tiriba haben sehr komplexe, ineinander verzahnte Einzelstimmen.

Die sehr schnell aufgenommenen Stücke sollen dem Ausdauertraining dienen: Nur mit der nötigen Lockerheit und Unverkrampftheit kann man bis zum Schluß durchhalten!

Der Handsatz ist über den Noten immer vermerkt, er unterstützt uns ungemein dabei, den richtigen Abstand der Schläge voneinander zu wahren. Haben wir z.B. irgendwo einen **Baß** mit rechts, dann einen **Ton** mit rechts, wissen wir, daß dazwischen eine Lücke liegt, in die noch ein 16tel dazwischenpaßt, welches wir mit der linken Hand in Form eines Tabs spielen.

Immer wieder beobachte ich, daß z.B. obige Schlagfolge statt einfach gespielt wird. Beides klingt beides durchaus nicht gleich!

Vielmehr verwischt bei der zweiten Spielweise der Abstand, er wird zu eng gespielt, es groovt nicht mehr. Daher haltet Euch in jedem Fall an den Hand-to-Hand-mäßigen Handsatz und denkt Euch auch in hohem Tempo das Raster immer mit, dann werden auch ganz einfache rhythmische Figuren zu schwingen beginnen! Je größer der Abstand zwischen zwei Schlägen, desto größer die Gefahr, daß der Abstand schlampig gespielt wird.

Füllt immer spielenderweise oder denkenderweise die Lücken aus! Häufiger Anfängerfehler ist immer wieder, daß eine solche Phrase: regelrecht schon so klingt. Hier wurde also bei der Lücke zwischenden Schlägen geschlampt. Der gesamte Groove wackelt somit ungemein, ja beim Zuhören macht es einen unruhig!

Beim Abstand der Schläge also auf keinen Fall pfuschen!

In diesem Zusammenhang mache man sich einmal deutlich, daß es die Pausen zwischen den Schlägen sind, die den Rhythmus machen: Ein Schlag alleine kann noch nicht grooven, es ist der Abstand der Beats untereinander, der den Rhythmus gestaltet, ja Stimmungen erzeugt!

Erinnert Euch auch hier wieder an die Übungen im Kapitel „Freies Positionen-Besetzen" und „Kombinationen der Positionen", und denkt auch wieder daran, Pausen mit Bewegung zu füllen!

Bevor Ihr Euch nun auf die ternären Grooves stürzt, möchte ich eine interessante Besonderheit dieser Rhythmengattung erklären:

Ternäre Rhythmen kann man immer auf zweierlei Arten hören

Als ternären 4/4tel Takt oder als binäres 6/8tel Feeling.

In beiden Fällen stehen uns 12 Positionen pro Takt zur Verfügung. Unterschiedlich ist jedoch die Art, diese in Grüppchen zu fassen und somit der Phrase einen Beat, einen 4tel Puls „überzustülpen".

Nehmen wir zum besseren Verständnis einmal die erste Begleitstimme vom Kakilambé: Wenn man diese Figur alleine hört, hört man erst einmal folgendes:

notiert ist aber dieses:

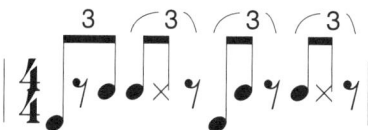

Wenn Ihr nun genau hinseht, merkt Ihr, daß bei beiden Versionen der Abstand zwischen den Schlägen genau der gleiche ist. Unterschiedlich ist jedes mal nur die Art, wo der Beat des Rhythmus empfunden wird. Das ist auch der Clou an der Sache. Sämtliche westafrikanische Rhythmen sind als ternärer 4/4tel Takt „gemeint". Dies wird deutlich, wenn man die anderen Begleitstimmen dazu hört, ganz sicher aber, wenn getanzt wird: Die Tänzer tanzen nämlich den 4tel Puls des binären 4/4tel Taktes!

Begleitung vom Kakilambé mit Glocke als Beatgeber: vier mal der binäre 6/8tel Groove, vier mal das ternäre 4/4tel-Feel.

Wichtig ist bei diesem Phänomen der Effekt, daß das eigentliche Pattern immer genau das gleiche bleibt; da sich aber der Bezugspunkt, der Beat, ändert, klingt auf einmal das Pattern völlig anders!

Dieser „Falle" des Andersherum-Hörens unterliegen erfahrungsgemäß seltsamerweise alle Mitteleuropäer: Wir hören automatisch die binäre 6/8-Version, während Afrikaner, aber z.B. auch Kubaner instinktiv die ternäre 4/4tel-Variante hören!

Erst nach eingehender Beschäftigung mit diesem Phänomen gelingt es unsereinem, schnell auf die ternäre 4/4tel-Version umzusteigen.

Basstrommelspieler

Das gleiche wird üblicherweise sehr gerne anhand der Glocken-Figur verdeutlicht, die hier z.B. beim Liberté vom Baßtrommelspieler (Doundounba + Sangba) gespielt wird. Dieses Pattern ist sehr bekannt und wird hierzulande gerne auch 6/8tel-Clave genannt. Überall in Westafrika taucht diese Phrase (meist als Glocken-Figur) auf, auch auf Kuba wird sie sehr häufig gespielt, dort nennt man sie Bembé.

Um die Problematik zu verdeutlichen, kann man nun einmal die Phrase notieren, die meistens mit einer Glocke gespielt wird (ohne rhythmischen Bezug dargestellt, also rein der Abstand der Töne zueinander) und darunter die verschiedenen Beats, die man dazu hören kann:

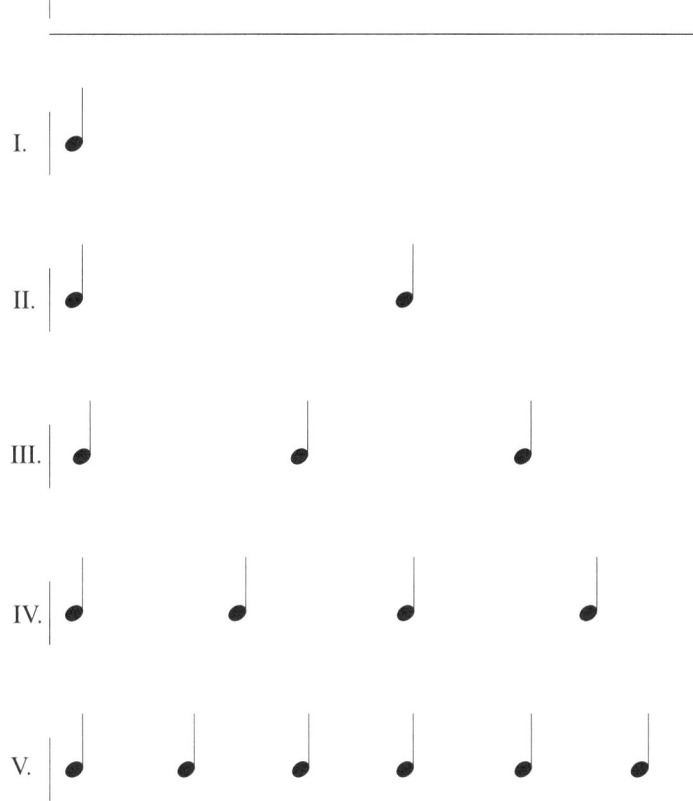

 „6/8tel-Clave" mit verschiedenen Beats unterlegt. Jede Version 4x gespielt.

Wie Ihr seht, ist es nicht ganz leicht, ständig zwischen beiden Hörweisen zu pendeln, aber man bekommt langsam ein Gefühl für dieses Phänomen.
Wie gesagt: Die „richtige" Art des Hörens ist in der westafrikanischen Musik die des ternären 4/4tel Taktes. Seid immer bemüht, alle Einzelstimmen so zu hören, sonst kommt Ihr durcheinander. Spätestens beim Solieren kann man sich mit der binären 6/8tel-Hörweise nicht mehr „durchpfuschen".

V. IMPROVISATION

Zum Solieren in einer musikalischen Situation möchte ich Euch, um Mißverständnisse zu vermeiden, noch folgendes mit auf den Weg geben:

Zieht in Eurer Vorstellung eine klare Linie: Auf der einen Seite sind die technischen Übungen, auf der anderen Seite ist der musikalische Ausdruck, alles Feeling.

Denkt beim Solieren nie an Technik!!!

Beschäftigen wir uns nun aber mit den Solo-Ideen selbst:

Motivsuche

Unter Motiven versteht man kleine rhythmische Einheiten in der Art, wie ich sie unter dem Kapitel „Besetzen der Positionen" beschrieben habe. Sie können aber auch länger sein, jedoch nicht viel: Mit Motiv meint man eine überschaubare Figur, die nur aus wenigen Schlägen besteht.

Einige wenige mögliche Beispiele hierzu wären z.B.:

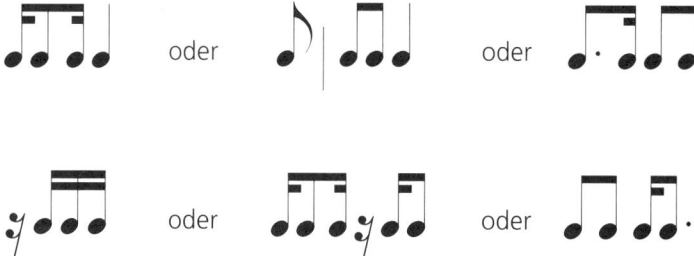

Solche Phrasen bilden in der Regel den Ausgangspunkt von Improvisationen bei allen Instrumenten und Stilrichtungen.
Auch in unserem täglichen Leben sind wir ständig umgeben von einer Unzahl kleiner rhythmischer Motive: Uhr, Blinker, Scheibenwischer, Kontoauszugsdrucker, Schreibmaschinen, Kasse, Schuhe beim Treppenrunterlaufen, usw.: Hier überall hören wir kleine musikalische Phrasen.
Besonders aber unsere Sprache bietet eine Aneinanderreihung von rhythmischen Figuren!

An Motivideen dürfte es uns eigentlich auch nicht mangeln, es gilt nur, diese aus der Versenkung hervorzuholen.

Motiv-
bearbeitung

Nehmen wir also als kleine Motividee einmal folgende Figur, die von ihrer Länge her übrigens völlig ausreicht:

Handsatz hierbei (ob mit oder ohne Hand-to-Hand)

- Jede Position im Motiv kann nun erst einmal mit Ton, Baß oder Slap versehen werden. Jede Konstellation hat ihre ganz eigene „Melodie"! Probiert einmal einige Kombinationen aus.
Für diese Zwecke nehmen wir einmal die Kombination:

- Sodann kann das Motiv entlang dem 4/4tel Takt verschoben werden:

Erst einmal um ein **Viertel:**

oder aber um ein **Achtel:**

oder hier um ein **16tel:**

Jedes Beispiel ist 2x zu einem Baßtrommelgroove gespielt, zwischen jeder Kategorie (also Verschieben um ein Viertel, Achtel, Sechzehntel) ist ein Takt leer gelassen.

Wie man sieht, sind die Schläge in gleichem Abstand voneinander, das Motiv ist also das gleiche. Durch die Verschiebungen entsteht aber ein völlig neuer Charakter, eine neue Melodie der Phrase, so daß man sie auf den „ersten Blick" nicht gleich wiedererkennt.
Wir haben somit die Chance, eine Idee gleich mehrfach zu verarbeiten und uns so daran „entlangzuhangeln".

Ein kleiner Trick sei in diesem Zusammenhang noch erwähnt, der Euch helfen kann, wenn Ihr eine Figur habt, die Ihr nicht richtig zum „grooven" bekommt: Versucht einmal, die selbe Figur ganz **staccato** und einmal ganz **legato** zu spielen. Das heißt, man spielt einmal sehr „abgehackt", bzw. das andere mal sehr „gebunden".
Diese beiden Spiel- (Vorstellungs-) weisen stellen natürlich zwei Extremfälle dar. Üblicherweise spielen wir irgendwo dazwischen, aber es führt einen oft auf die richtige Spur, wenn man Begleitstimmen oder Solophrasen besser zum Klingen bringen möchte und einmal in eine dieser beiden Richtungen zu spielen versucht.

 Kleines Motiv 4x legato, 4x staccato gespielt.

Zum Aufbau eines Solos

Mitunter erlebt man auf Workshops, daß zu einem Rhythmus diverse Soli gezeigt werden, die alle zusammen hintereinander runterspielen. Das hat mit Improvisation und Ausdruck natürlich nichts zu tun, und ein Solo im wahrsten Sinne des Wortes spielt logischerweise eine Person allein. Die fertigen „Soli" gehören oft zum gleichnamigen Tanz, ansonsten improvisieren die Trommler natürlich auch frei.

Ganz zu Beginn der Improvisation sollte man mit kleinen Motivideen arbeiten. Schließlich will man ja die Zuhörer (und Mitmusiker) nicht mit den wildesten technischen Schwierigkeiten bombardieren, sozusagen „alles Pulver gleich verschießen", sondern ein Solo musikalisch aufbauen. Macht vor allem immer ganz klare Aussagen,

Achtet darauf, daß Ihr immer etwas zu sagen habt!

Man sollte in der Lage sein, eine spontan gefundene Idee weiterzuspinnen, einen Bogen zu spannen, die Spannung wieder aufzulösen und das alles, ohne es vorher zu planen! Das bedarf natürlich einiger Übung und Erfahrung.
Unerläßlich ist es hierbei auch, sich viele gute Djembé-Spieler und Musiker aller Instrumente und Stilrichtungen anzuhören.

Sucht Euch nun zum Üben ein Stück der beiliegenden CD (am besten zu Beginn ein langsames oder mittelschnelles Stück) und macht erst einmal folgendes:

- Nehmt Euch ein ganz klares und einfaches, möglichst kurzes Motiv (in der Art wie das vorhin beschriebene).

- Spielt es nun mit den drei Schlagarten und sucht Euch eine Konstellation aus, die Euch am besten gefällt.

- Beginnt nun, das Ganze fortschreitend zu variieren:
  Dazu spielt Ihr es einige Male an, dann hängt Ihr ein paar Schläge vorne oder hinten dran (oder beides).
  Kommt zwischendrin immer wieder mal darauf zurück und entfernt Euch schließlich ganz davon...

 Freies Spiel um Motiv auf Seite 51.

Wenn Ihr nun einmal nicht zur CD soliert, sondern mit „echten" Musikern spielt, achtet darauf (oder macht eventuell darauf aufmerksam), daß ein Solo sich natürlich auch lautstärkemäßig von der Begleitung absetzen sollte. Das heißt in der Praxis: Die begleitenden Musiker nehmen sich mit ihrer Spiellautstärke zurück und der Solierende langt schon ein wenig kräftiger zu als zuvor. Durch diese Verschiebungen in der Lautstärke lenkt Ihr die Aufmerksamkeit der Zuhörer auf Euch und Ihr habt einen breiteren dynamischen Spielraum.

Bei aller Begeisterung sollte man sich aber darüber im klaren sein, daß die Zuhörer fast nie so genau alles mitverfolgen wie man selbst. Um ein mögliches Publikum (oder auch die eigenen Mitmusiker) auf ein nahendes Solo aufmerksam zu machen, kann man eine Phrase schon ruhig einige Male hintereinander spielen: Dann ist vielleicht ein Teil der Zuhörer (oder Mitspieler) darauf aufmerksam geworden!

Wichtig in diesem Zusammenhang ist noch einmal, daß Ihr die Pulsation des Rhythmus immer hört (Fuß hier wieder ganz wichtig).
Eine gute Übung zur Schulung der inneren Uhr ist folgende: Singt einmal Viertelnoten und spielt alle möglichen Motive darüber.
Die Übung ist gar nicht so leicht, aber Ihr bekommt damit ein ungeheuer gutes, festes Timing.
• Eine Kernaussage für jedes Solospiel ist sicher, was mir ein Lehrer einmal sagte:

„Play what you sing, sing what you play!"

Wenn man sich häufig und intensiv die verschiedensten Musikstile anhört, schult sich das Gehör automatisch: Man erwartet in einer bestimmten musikalischen Situation etwas vom Solisten zu hören und spielt selber auch (im Idealfall), was man im inneren Ohr hört. Geht das nicht, fehlt es an Technik, und wir müssen üben, was wir spielen wollten, aber nicht umsetzen konnten.

- Ein wichtiges Thema besonders im Zusammenhang mit der Improvisation ist die Dynamik: Sie stellt ein ganz wichtiges Mittel in unserem musikalischen Ausdruck dar!
  Spielt einmal ein und das selbe Motiv mit ganz unterschiedlich lauten Schlägen. Plötzlich kann eine Phrase etwas ganz anderes aussagen!

 Das selbe Pattern einmal völlig gleichförmig, einmal dynamisch gespielt.

- Einen besonderen Punkt stellen recht langsame Stücke dar:
  Hier wird man beim Solieren feststellen, daß man schnell an einen Punkt gelangt, an dem die Dynamik und der Ideenreichtum erschöpft sind, es aber doch recht langweilig bleibt, es kommt keine Spannung auf, solange wir nur schön auf dem 16tel Raster bleiben.

Hier heißt die Lösung: Wir gehen ins „Double Time".
Das bedeutet, daß wir immer noch das Raster als Teppich spielen, jedoch doppelt so schnell wie die Begleitrhythmen.

Wo vorher 16tel waren, spielen wir jetzt 32tel. Wenn das Stück wirklich langsam ist, sind diese 32tel dann gerade mal so schnell wie bei einem schnellen die 16tel!
Durch das „Double Time" können wir die nötige Spannung und Dynamik ins Spiel bringen, ohne auf unser bewährtes Hand-to-Hand-Spiel zu verzichten. Außerdem wird besonders deutlich, daß unser Solo zu Ende ist, wenn wir wieder in das sogenannte „Half Time" zurückgehen, also in das ursprüngliche Tempo.

Übt das Wechseln ins Double Time erst einmal trocken:

Nehmt z.B. die langsame Version vom Djolé auf der beiliegenden CD und spielt das normale 16tel Raster. Spielt dann die Tabs einfach mal doppelt so schnell. Wichtig ist, daß es wirklich genau doppelt so schnell ist und nicht irgendetwas dazwischen!
Vom Bewegungsaspekt aus gesehen sollte man sich auch klar machen, daß eine halb so große Bewegung bei gleicher Schlaggeschwindigkeit logischerweise ein doppeltes Tempo ergibt: Bei einem Kuchen ist es ja auch so, daß ein Viertel doppelt so groß ist wie ein Achtel, usw.

Probiert das doppelt so schnelle Spielen des Rasters auch mal mit einem der Begleitrhythmen.
Wenn das mit dem Raster klappt, soliert mal ein wenig zu dem Stück: erst im 16tel-Feel, dann im Double Time. Findet schließlich wieder ins Half Time zurück.

 Solo im Double Time über langsamen Djolé.

• Eine spieltechnische Finesse möchte ich im Zusammenhang mit der Improvisation noch erklären. Sie zieht sich durch alle Musikstile und wird auf allen Instrumenten praktiziert:

Man kann „laidback" oder „on top of the beat" spielen.
Das bedeutet: Entweder ziehe ich mit meinem Spiel leicht nach hinten, bin leicht hinter dem Beat, d.h., ich verzögere etwas und bin bemüht, die letzte Möglichkeit für die Ausführung des Schlages zu nehmen, oder ich schiebe nach vorne, spiele leicht vor dem Beat, eile dem Puls etwas voraus, d.h., ich versuche, die erste Möglichkeit für den Schlag zu treffen.

 Hier habe ich die 2. Begleitung vom Liberté erst laidback, dann on top of the beat gespielt

Hierbei handelt es sich um eine schwer zu beschreibende Spielweise, vielmehr ist es ein Spielgefühl, bei dem es ratsam ist, viel Musik anzuhören und daraufhin zu analysieren. Tendenziell ist es in der afrikanischen Musik so, daß der Solist nach vorne spielt, der Rest „sitzt" auf dem Beat oder schiebt auch leicht nach vorne. In anderen Musikstilen ist es aber auch gerade umgekehrt: Der Solist spielt nach hinten, zieht zurück, während die Begleitenden nach vorne treiben (Big Bands, etc.).

Dies erzeugt natürlich eine ständige Reibung, die aber zusätzlich noch eine Portion Spannung erzeugt! Es ist allerdings auch möglich, daß alle nach vorne spielen (z.B. Samba, aber auch Basler Märsche,...) Dies wiederum ruft einen sehr treibenden Effekt hervor.

Wichtig ist dabei immer, tatsächlich nicht insgesamt schneller, bzw. langsamer zu werden! Der Effekt, der erzielt wird, ist immer der einer gewissen Spannung.

Wenn alle exakt auf dem Beat spielen, empfinden wir das als ein wenig brav, fast steif (wie Militärmusik). Sobald der Solist nach vorn zu ziehen beginnt, kann er versuchen, die anderen mitzuziehen, ja mitzureißen (und somit auch das Publikum!). Am Ende des Solos begibt er sich dann wieder brav zurück in den Groove, gibt nun den Platz frei für einen neuen Solisten.

Wie gesagt, handelt es sich beim laidback- und on-top-of-the-beat-Spielen mehr um ein Spielgefühl, welches man sich im Laufe der Zeit aneignen kann.

Macht z.B. zum Nach-Vorne-Spielen einmal folgende Übung:

Stellt Euch beim Ausüben eines Schlages vor, die Trommeloberfläche befände sich etwas weiter weg, also tiefer, als sie tatsächlich ist. Diese Vorstellungsweise erfordert etwas Konzentration, aber sie führt in jedem Falle dazu, daß man sehr „auf den Punkt", ja etwas nach vorne spielt. Wenn man es richtig macht, kann es sogar sein, daß man ein wenig erschrickt, weil man doch etwas früher als erwartet auf die Trommeloberfläche trifft!

Wie man sieht, hat das Üben immer wieder mit mentalen Prozessen zu tun. Die großen Spieler haben sich alle immer wieder sehr damit auseinandergesetzt.

Ein Trick zum Nach-vorne oder Nach-hinten-Spielen ist auch folgender: Man spiele mit einer Hand Viertelnoten auf der Djembé (irgendeine Schlagart), der Fuß läuft ebenfalls in Form von Vierteln mit. Mit der freien Hand beschreibt man nun eine vorwärts kreisende Bewegung: Ihr werdet merken, daß Ihr nun mit der Schlaghand nach vorne treibt! Das gleiche funktioniert auch umgekehrt: Bei einer rückwärts kreisenden Bewegung mit dem freien Arm spielt die andere Hand plötzlich automatisch „laidback"!

Dieses Phänomen kann man sich auch zu Nutze machen, wenn man einmal extrem nach vorne oder nach hinten spielen soll, indem man beim Spielen eine vorwärts-, bzw. rückwärts kreisende Bewegung mit den Armen beschreibt.

- Der wichtigsten Ratschlag, den man beim Improvisieren beherzigen sollte, ist sicherlich der, **überzeugt zu sein von dem, was man spielt!** Wenn man sich ganz sicher fühlt, dann wird man das auch so herüberbringen und es kommt dementsprechend beim Publikum an!

Der Aufbau von eigenen Begleitrhythmen:

Versucht auch einmal, eigene Begleitrhythmen zu kreieren (halbtaktig, ganztaktig, über 2 Takte gehend). Schließlich kommt es ja auch mal vor, daß man in eine musikalische Situation gerät, in der man einen nie zuvor gehörten Rhythmus (oder eine Melodie) begleiten muß.

Schritt 1: Sucht Euch die prägnanten Punkte in der Melodie oder dem Rhythmus und versucht, diese mitzubetonen. Die „eins" mit einem Baß, andere wichtige Stellen z.B. mit einem **Slap.**
Unüblich ist hingegen, Stellen zu überladen, das heißt z.B. einen Baß zu spielen, wenn zwei andere Leute dies an der gleichen Stelle auch schon tun!
Dann macht lieber einen **Slap** oder gar nichts.
Wie man sieht, muß man da (auch während des Spielens) herum-experimentieren und ausprobieren sowie ständig auf alle anderen hören.

Schritt 2: Lücken füllen, die die anderen lassen!
Natürlich nicht alle(!), aber freigelassene Stellen ein wenig ausnutzen.

Vorgegeben ist beispielsweise die folgende Baßtrommelstimme:

Ich könnte dann dazu Begleitung 1 erfinden:

und Begleitung 2:

 Baßtrommelstimme ist vorgegeben, ich ergänze dazu erst Begl.1, dann Begleitung 2.

Oberste Devise lautet hier wieder: ausprobieren und genau hinhören (oder aufnehmen) und entscheiden, was gut paßt.

Erinnert Euch auch hier wieder an die vielen Kombinationsmöglichkeiten innerhalb eines 4/4tel Taktes (knapp 4,3 Mrd!) beim Kapitel „Hand-to-Hand-Spiel".

Analysiert auch die afrikanischen Rhythmen daraufhin: Meistens ergänzen sich die Begleitstimmen besonders bei den ternären Rhythmen zu einem komplexen Ganzen, eine Djembéstimme allein macht noch nicht das Stück aus!

Polyrhythmik

Nehmen wir uns z.B. einen binären 4/4tel Takt:
Polyrhythmik bedeutet nun, daß wir über die uns zur Verfügung stehenden 16 Schläge im Takt eine Phrase darüberlegen, deren Anzahl von Schlägen nicht darin aufgeht, also z.B.: 3, 5, 6, 7, 9, usw.

Ein 3er-Päckchen kann z.B. so gespielt werden:

SCHLAG	– SCHLAG	– LEER
SCHLAG	– LEER	– SCHLAG
LEER	– SCHLAG	– SCHLAG
SCHLAG	– LEER	– LEER
LEER	– SCHLAG	– LEER
LEER	– LEER	– SCHLAG

Legen wir nun das erste Beispiel (Schlag/Schlag/Leer) über unseren binären 4/4tel Takt: Spielt unbedingt erst einmal Hand-to-Hand. So werdet Ihr Euch der genauen Lage der Schläge über dem Raster bewußt.

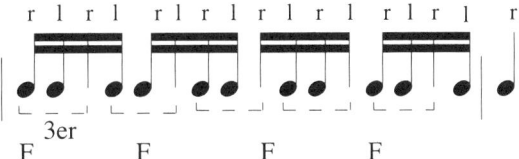

Über zwei Takte ausgedehnt:

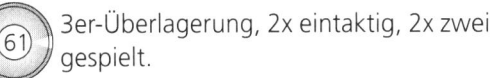 3er-Überlagerung, 2x eintaktig, 2x zweitaktig über Baßtrommelgroove gespielt.

Dabei ist nun entscheidend, daß der Spieler im „alten" Beat, also dem 16tel Raster des 4/4tel Taktes weiterdenkt und nicht selber in ein 3er-Feeling verfällt:

Hier kommt nun die Bedeutung des Fußes als Taktgeber zum Tragen und das Spüren des 16tel Rasters!

Ohne diese Fähigkeiten tun wir uns beim Spielen polyrhythmischer Überlagerungen schwer, zumal hier das Problem hinzukommt, an der richtigen Stelle aus der Überlagerung wieder herauszukommen und in den ursprünglichen Groove wieder sauber hineinzufinden!

Solche polyrhythmischen Spielchen sind sehr beliebt, besonders die 3er-Überlagerung kommt in der Musik oft vor, sie kann im Thema eines Stückes, als Bläsersatz und natürlich vor allem in der Improvisation erscheinen.

Wie man auf den Aufnahmen hört, baut eine polyrhythmische Über-lagerung eine starke Spannung auf, die aufgelöst wird, sobald man in das ursprüngliche Raster zurückkommt, vorzugsweise auf der „eins" eines Taktes.

Das gleiche Spielchen geht auch mit einer **5er-Gruppierung:**

Eine beliebte Kombination ist dabei diese:
SCHLAG–SCHLAG–SCHLAG–SCHLAG–LEER

Über einen binären 4/4tel Takt gelegt sieht das dann so aus:
Eintaktig

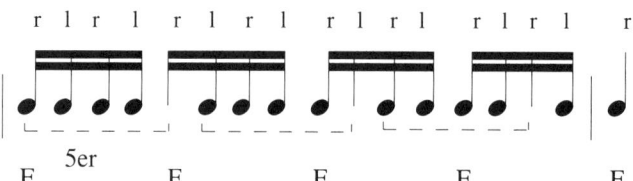

Zweitaktig

 5er-Überlagerung 2x eintaktig, 2x zweitaktig über Baßtrommelgroove.

Gerne wird auch folgende Kombination gespielt:
SCHLAG–LEER–SCHLAG–LEER–LEER

Über unseren 4/4tel Takt gelegt sieht das so aus:
Eintaktig

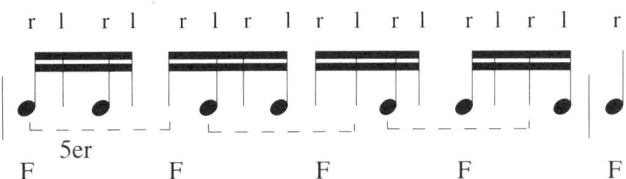

Zweitaktig

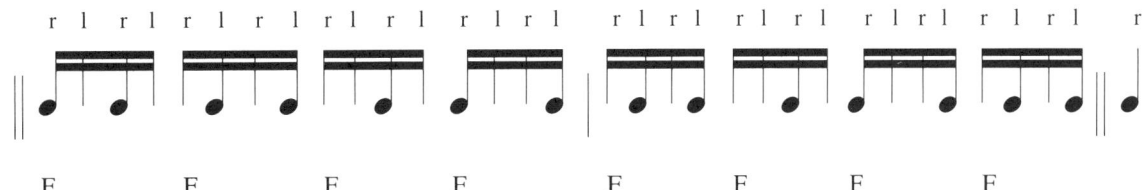

 5er-Überlagerung, 2x eintaktig, 2x zweitaktig über Baßtrommelgroove.

Bei der zuletzt gezeigten Konstellation kommt der glückliche Umstand dazu, daß hier die Schläge eines Grüppchens jeweils auf eine Hand fallen. Mit diesem Wissen kann man sich auch bis zum Taktende „durcharbeiten": Man denkt einfach im Raster des binären 4/4tel Taktes weiter und spielt (bei der 5er-Überlagerung) 2 mal die rechte, 2 mal die linke Hand, dazwischen liegen die zwei Leerschläge.

Das gleiche Prinzip funktioniert auch mit der **7er-Überlagerung.** Hier fallen auf eine Hand jeweils drei Schläge, dazwischen liegen wieder die zwei Leerschläge:

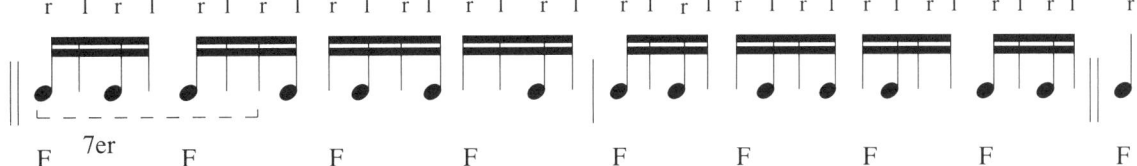

Ihr könnt zur Verdeutlichung auch z.B. die Schläge der rechten Hand als Slap spielen, die der linken als Ton. So gestalten wir die Überlagerung noch etwas abwechslungsreicher.

 7er-Überlagerung zweitaktig über Baßtrommelgroove, alle Schläge der rechten Hand als **Slap** gespielt, die der linken als **Ton.**

Ebenso kann man mit 9er-Gruppierungen, etc. weiterverfahren.

Es empfiehlt sich, bei allen „Eigenkreationen" die Überlagerungen erst einmal nach obigem Schema auszunotieren sowie Fuß und Handsatz dazuzuschreiben, damit klar ist, wie die Überlagerung über dem Groove verteilt ist und wie man hinein und heraus kommt.

- Spielt einmal die Beispiele zum Metronom und dann zu langsamen oder mittelschnellen binären Stücken auf der CD.

Kommen wir nun zu Überlagerungen über ternären Rhythmen:

Über die uns zur Verfügung stehenden 12 Schläge können wir Grüppchen aus 2er, (4er), 5er, 7er-Einheiten etc. verteilen:

Eine Besonderheit in ternären Grooves ist die, daß man hier einfach nur eine Hand zu betonen braucht, z.B. ständig nur die rechte: So haben wir bereits eine **2er-Überlagerung:**

nur rechts:

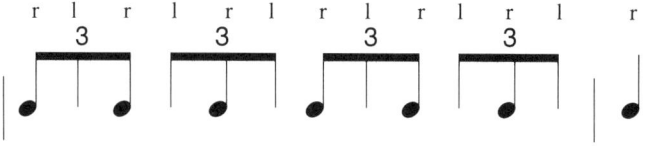

nur links:

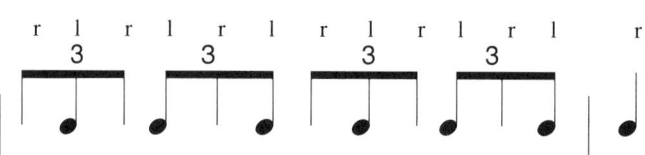

 2er-Überlagerung über tern. Baßtrommelgroove; 2 x mit re., 2 x mit li.

Ebenso sei das Beispiel einer 5er-Überlagerung im Ternären dargestellt.

Unsere Schlagfolge sei wieder:
SCHLAG–LEER–SCHLAG–LEER–LEER

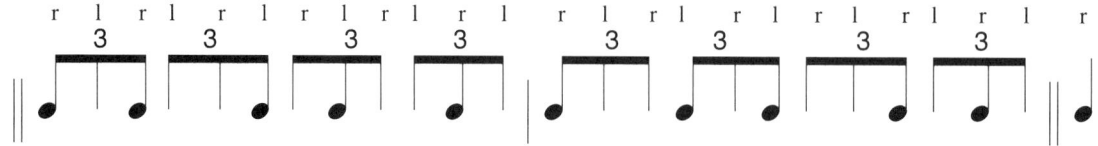

Zweitaktige 5er-Überlagerung über tern. Baßtrommelgroove.

Noch ein Tip für die Umsetzung solcher Überlagerungen in einer Gruppe: Wenn Ihr so etwas mit anderen Musikern spielen wollt, warnt sie möglichst vor oder erklärt ihnen die Überlagerung, da sonst die Spieler möglicherweise verwirrt werden und den Beat verlieren (man übernimmt dann gerne automatisch das Feeling der Überlagerung und verfällt in diese), folglich geht der eigentliche Puls verloren und der Groove bricht zusammen!

Ansonsten sind der Phantasie hier keine Grenzen gesetzt!

Effektschläge

1. Abgestoppter Slap:
Hierbei spielt eine Hand den Slap, die andere liegt flach auf dem Fell auf (in der Mitte) und dämpft somit den Schlag der anderen Hand ab. Der Slap klingt so noch „knackiger", kürzer, schwingt aber auch nicht nach.

 Abgestoppter Slap.
In einigen afrikanischen Begleitrhythmen wird dieser Schlag auch gespielt (s. Notation).

2. Vorschlag (Flam):
Dabei schlägt eine Hand den Vorschlag, die andere übt den Hauptschlag aus. Hierbei ist zu beachten, daß (im Gegensatz zum „Praller", dem Pendant auf dem Klavier) der Hauptschlag auf der Zählzeit liegt, der Vorschlag wird kurz davor ausgeführt.

Man übt folgendermaßen:
Haltet beide Hände in unterschiedlicher Höhe über dem Fell (s. Bild). Nun läßt man beide Hände gleichzeitig fallen: Die Hand, die sich näher am dem Fell befand, kommt somit etwas „zu früh" auf und hat den Effekt eines Vorschlages.
Natürlich kann man diese Schlagfolge in allen möglichen Kombinationen ausführen: Der Vorschlag kann **Bass, Ton** oder **Slap** sein, der Hauptschlag **Ton** oder **Slap.**
Vergeßt auch bei den Flams nicht, daß die Hand nach Ausführen des Schlages das Fell gleich wieder verläßt. Sonst wäre z.B. ein Vorschlag, der mit dem **Bass** ausgeführt wird und der Hauptschlag als **Slap,** identisch mit dem abgestoppten **Slap!**

Übt die Flams auf jeden Fall rechts und links „herum":
Die offizielle Schreibweise dafür ist:

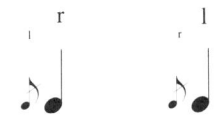

Übt nun folgende Schlagkombinationen (sie sollten flüssig und in jedem Tempo beherrscht werden, vor allem aber aus jedem Kontext heraus!):

ᵣR ᵣR / rL rL / ᵣR rL

ᵣR R rL L / ᵣR L ᵣR L / rL R rL R

rL R L rL R L / ᵣR L R ᵣR L R / ᵣR L R rL R L

Die letzte oben beschriebene Möglichkeit einer Flam-Kombination, das 3er-Päckchen, kann man auch besonders gut, wie im Kapitel „Poly-rhythmik" beschrieben, als Überlagerung verwenden.

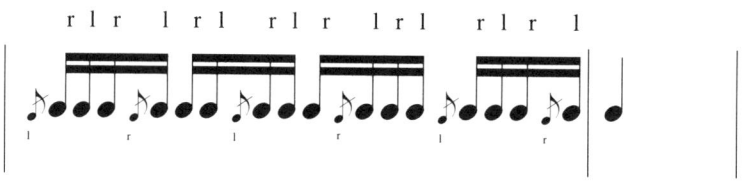

 Flam-3er-Überlagerung über Baßtrommelgroove.

Kreiert aber unbedingt auch eigene Kombinationen von Flams!

Roulements

Roulements sind quasi kleine Wirbel. Ab einer 16tel Triole kann man eigentlich von einem Roulement reden. Nach oben hin sind natürlich keine Grenzen gesetzt: Wer kann, soll auch ruhig einen Wirbel von 7 Schlägen spielen, wichtig ist hierbei nur, alle in der zur Verfügung ste-henden Zeit „unterzubringen" und dabei gleichmäßig zu spielen! Der Spielfluß darf darunter in keinem Fall leiden.

Spielt auch die Roulements natürlich immer Hand-to-Hand.

Hier nun die gängigsten Beispiele für Roulements:

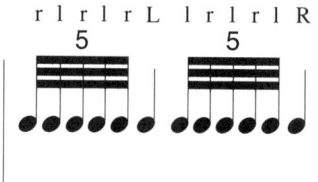

Entscheidend ist jetzt nur noch, wo wir unser Roulement plazieren:

a) quasi als Auftakt zum nachfolgenden Beat
b) vom Beat weg

a) mit 16telTriole

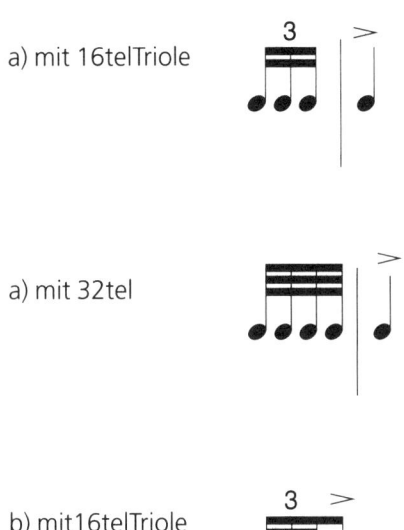

a) mit 32tel

b) mit16telTriole

b) mit 32tel

 4 x a) mit Triole, 4 x a) mit 32tel, 4 x b) mit Triole, 4 x b) mit 32tel, zu einem Baßtrommelgroove.

Für das Spielen von Roulements ist es übrigens unerheblich, ob wir in einem binären oder ternären Rhythmus spielen.

Zu beachten ist bei den Roulements noch folgendes: Hier ist es mitunter tatsächlich erforderlich, das Hand-to-Hand-Spiel zu verlassen, da sich der Handsatz nach einem Roulement auch ändern kann!
In der Praxis werdet Ihr das schnell merken.
Man kann sich zur Not auch helfen, indem man nach dem Ausführen des Roulements eine kürzere oder längere Pause macht, um den Handsatz wieder zu sortieren!

Meist akzentuiert man den letzten Schlag des Wirbels, den Abschlag, unabhängig davon, ob dieser auf dem Beat liegt oder nicht (s. Notation und CD-Beispiel).

Zum Schluß gibt es nun auf der beiliegenden CD ein Abschlußsolo, in dem die hier erwähnten Techniken und Ideen verwendet werden. Laßt Euch davon sowie von jeglicher guter Musik inspirieren. Denkt daran, beim Solieren immer das zu spielen, was Ihr gerne hören würdet. Denkt nicht an Technik, sondern denkt musikalisch, ja kompositorisch. Vergeßt aber bei allem Üben nicht, daß Musik Spaß machen soll!
Wenn Ihr mühsam etwas Neues einstudiert habt, versucht hinterher, in etwa die gleiche Zeit damit zu verbringen, etwas zu spielen, was Ihr schon könnt oder experimentiert einfach mal herum. So manche gute Idee kommt nämlich auch einfach beim Rumprobieren.

Wenn Ihr jedoch in einer musikalischen Situation spielt, konzentriert Euch immer auf jeden Schlag, spult nicht etwas herunter, das wird nie grooven. Beim Zuhörer kommt das nicht überzeugend an! Man erreicht das Publikum nur, wenn man sich in jeden Schlag hineindenkt, sich vorstellt, wie er klingen soll. Bei den großen Spielern hört und sieht man auch oft, wie sie jeden Schlag klar beabsichtigen und so ausführen. Das ist es auch, was den Zuhörer intuitiv in den Bann zieht und das Feeling ausmacht. Hier möchte ich wieder einen meiner Lehrer zitieren: „Intend everything you play, focus on every beat!"

Viel Spaß beim Rumtüfteln!

 Solo über Baßtrommelgroove.

V. ANHANG

Worauf man beim Kauf einer Djembé achten sollte

Das wichtigste Kriterium beim Kauf eines Instrumentes ist sicherlich der Sound, mein Instrument soll ja möglichst gut klingen. Als Anfänger fehlt einem aber natürlich oft der Maßstab. Hilfreich sind hier sicher erst einmal Vergleiche zwischen möglichst vielen Instrumenten verschiedener Preisklassen. Achtet beim Klang besonders auf den Baß: Er sollte viel Wärme und Bauch haben. Genauso jedoch sollte man einen hohen, schrillen Slap aus der Djembé herausholen können. Können diese beiden Extreme des Klangspektrums der Djembé nicht entlockt werden, kann man dies in irgendeiner Form auf die Verarbeitung zurückführen:

- Die Innenverarbeitung muß sauber sein. Oft ist das Djembéinnere schlecht ausgehöhlt: Kreuz und quer hängen grobe Späne herum, der Schall wird abgebremst, abgefangen.
  Es ist auch darauf zu achten, daß das Loch im Inneren an der engsten Stelle etwa faustgroß ist. Die Wandstärke beläuft sich normalerweise auf 1½ - 2½ cm.
  Ist dies nicht der Fall, erhalten wir zu wenig Volumen, kaum Baß, da das zu dicke Holz schlechter mitschwingt, die Resonanz ist vermindert. Zudem ist die Djembé unnötig schwer.

Schlechte Innenbearbeitung

Gute Verarbeitung

Die Schnüre tragen ebenfalls nicht unerheblich zur Qualität des Instruments bei: Im Normalfall finden wir hier vorgereckte Segelschnur vor, also Schnur, die nicht mehr nachgibt.
Schlechtes Seil kann schnell reißen, v.a. beim Spannen, zumal ein immenser Zug auf der Schnur lastet.

An den Ringen sollten genügend Knoten sein, so daß der Abstand zwischen den senkrecht verlaufenden Schnurabschnitten nicht zu weit ist. Das hat zur Folge, daß man gleichmäßig spannen kann, bei zu weitem Abstand ist schnell überhaupt keine Verknotung mehr möglich.

Die quer verlaufende Schnur, die die senkrecht verlaufenden Schnurabschnitte miteinander kreuzweise verknüpft, sollte höchstens zweimal reihum verarbeitet sein. Ist schon beim Kauf fast bis oben hin alles querverknotet, ist weiteres knoten und somit spannen des Fells kaum mehr möglich. In diesem Falle muß ein Fachmann bemüht werden, der die Querreihen wieder aufmacht und die Grundspannung der längs verlaufenden Schnüre erhöht.

Schlechtes Seil, zu weite Schnürung
und schon zwei Reihen gestimmt

Gutes Seil, enge Schnürung
und noch nicht querverknotet

Die drei Ringe sollten aus 8mm dickem Baustahl bestehen.
Wichtig ist, daß der oberste Ring (manchmal unter dem Fellkragen versteckt) nicht größer ist als der darunter befindliche. Beim Spannen wird dieser dann über den unteren rutschen und man kann das Fell nicht stimmen.

Der allerunterste Ring sollte möglichst nah an der Übergangsstelle zum Fuß sein. Hängt er zu weit oben, verschmälert sich die ganze Spannvorrichtung, wir haben kaum Spielraum zum Stimmen.

Das Holz sollte unbedingt Hartholz sein. Mit dem Fingernagel kann man es nicht einritzen, was bei billigem Mischholz aus Ghana z.B. möglich ist. Unbedingt abzuraten ist von Palmholz!

Ein ganz besonderes Holz für Djemben ist sicherlich das des in Guinea und Mali wachsenden Lenke-Baumes. Es hat eine rote Färbung in verschiedenen Schattierungen und ist sehr schwer. Eine solche Djembé ist allerdings nicht leicht zu bekommen und auch nicht ganz billig. Dafür wird man mit einem ganz besonderen Klang des wertvollen Instrumentes belohnt.

Das Fell sollte keine größeren Beschädigungen aufweisen. Es kann dann plötzlich reißen.

Wenn es schön rasiert ist, ist das Spielen für die Hände übrigens schonender.

Es sollte zudem immer noch etwas Fell vorhanden sein: Ist das Fell, nachdem es die beiden oberen Ringe durchlaufen hat, zu knapp abgeschnitten, besteht die Gefahr, daß es beim nächsten Stimmen durch die Ringe durchrutscht, v.a. wenn die Ringe nicht eng am Korpus liegen. In diesem Falle muß das Fell ausgewechselt und somit alles neu geschnürt werden.

Sehr knapp abgeschnittenes Fell

Einen Fellwechsel sollte man von einem Fachmann vornehmen lassen. Das Fell sollte möglichst von einer afrikanischen Ziege stammen, deutsche Ziege ist zu fettreich, ihre Haut klingt nicht gut! Ein (eingeweichtes) Fell auf den Djembécorpus zu spannen dauert mehrere Tage, es muß zudem mit speziellen Werkzeugen gespannt und speziell geknotet werden.

Laßt Euch von Eurem Musikalienhändler einen Fachmann vermitteln, der einen Fellwechsel vornehmen kann oder s. "Djembé-Ratgeber", Anhang. Ein solcher Arbeitsaufwand inkl. Fell kostet in etwa zwischen 80 und 100 Euro.

Famoudou Konate beim Bespannen einer Baßtrommel

Kleine Notenschule

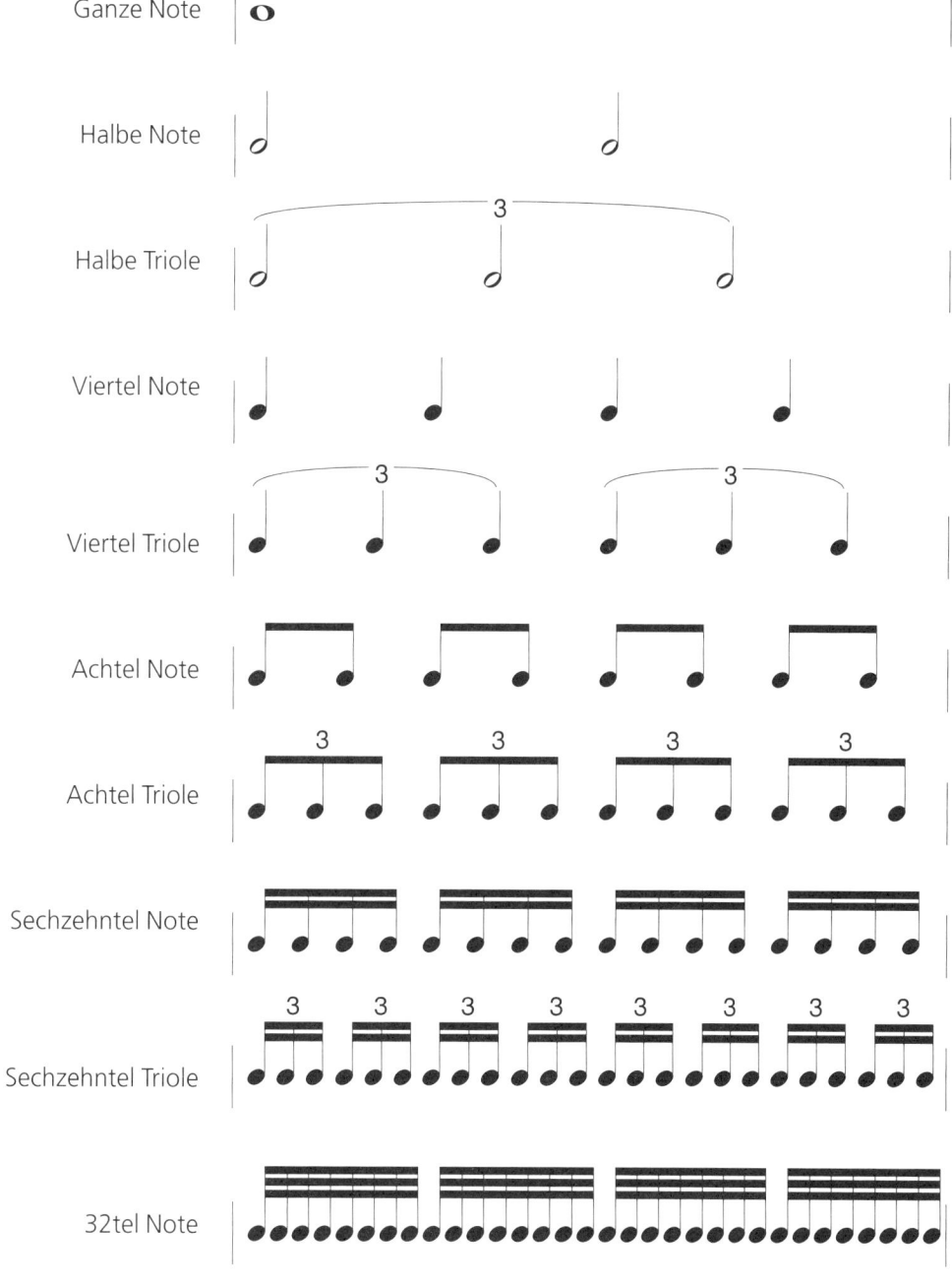

Ganze Note

Halbe Note

Halbe Triole

Viertel Note

Viertel Triole

Achtel Note

Achtel Triole

Sechzehntel Note

Sechzehntel Triole

32tel Note

Akzent

"Faulenzer"
(Dieser Takt wird genauso gespielt wie der vorherige)

Djembé-Schläge:

Slap   Ton   Baß

Baßschlag, Glockenschlag

Doundounba   Sangba   Kenkeni   abgestoppter   Glocke
                                   Schlag

Effekt-Schläge

abgestoppter Slap   Flam

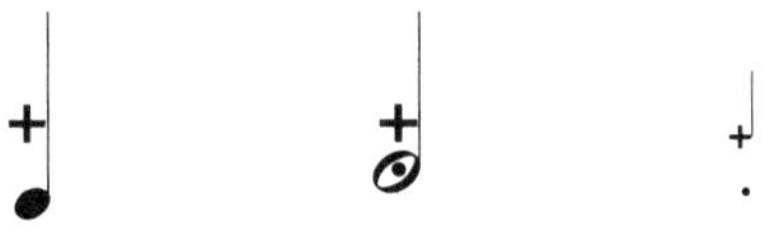

Doundounba   Sangba   Kenkeni
und   (abgestoppt)   und
Glocke   und   Glocke
                  Glocke

Erklärung der speziellen Djembé-Terminologie

Bloquage	Signal für Beginn und Ende eines Stückes
Binär, ternär	Bezeichnung für die Anzahl der Schläge zwischen zwei Viertelnoten. Diese ist entweder durch zwei (binär) oder durch drei (ternär) teilbar.
Double Time	Doppelt so schnelle Spielweise, wo vorher ein Schlag war, spielen wir nun zwei etc.
Doundounba	Die größte der drei Baßtrommeln
Echauffement	Temposteigerung zur Ankündigung des Endes eines Stückes (oder Spielabschnittes)
Flam	Vorschlag vor dem Hauptschlag
Griot	Musiker und Geschichtenerzähler, „Hüter der Traditionen" bei den Manding-Völkern Westafrikas
Half Time	Halb so schnelle Spielweise, wo vorher zwei Schläge waren, spielen wir nun nur noch einen etc.
Hand-to-Hand-Spiel	Spielweise, bei der immer abwechselnd rechts, links geschlagen wird
Intro (Outro)	Vorspiel vor Beginn (Ende) eines Stückes
Kenkeni	Kleinste der drei Baßtrommeln, meist Timekeeper
Laidback, on top of the beat	Nach hinten ziehende bzw. nach vorne schiebende Spielweise
Legato	Gebundene Spielweise
Malinke	Mande-Volksgruppe in Guinea (wörtlich: "Mann aus Mali")
Motiv	Kleine rhythmische Figur
Numu	Kaste der Schmiede, die ursprünglich die Djembé-Korpusse baut und auch spielt
Off-Beat	Achtelnote zw. den Vierteln eines Taktes: 1+, 2+, 3+, 4+
Pattern	Schlagfolge, Phrase
Phrasierung	Sie besagt, was sich zwischen den Vierteln eines Taktes abspielt: Wird binär oder ternär gespielt?
Polyrhythmik	Überlagerung. Über einen Rhythmus wird eine Phrase darüber gespielt, deren Anzahl von Schlägen nicht in der Anzahl von Schlägen des Grundrhythmus aufgeht, also z.B. eine 3er-Figur wird über einen 16tel-Groove gespielt
Rebound	Abspringen der Hand vom Fell nach Ausführen eines Schlages
Roulement	Kleiner Wirbel, 16tel Triolen oder 32tel etc.
Sangba	Mittlere der drei Baßtrommeln
Staccato	abgehackte Spielweise
Synkopierter Schlag	16tel Note zwischen zwei Achteln: 1e, 1a, 2e, 2a,...
Tab	kaum hörbarer Schlag, für das Durchspielen des „Hand-to-Hand" notwendiger Füllschlag

Umschreiben der klassischen Notenschrift in Djembé-Notation

Wem die westliche Notenschreibweise nicht liegt bzw. wer das Notenbild der „Hand-to-Hand-Schreibweise" besser auf die Djembé übertragen kann, dem sei an dieser Stelle eine kleine „Umschreibhilfe" gegeben:

In der „Hand-to-Hand-Schreibweise" bedienen wir uns des 16tel-Rasters, also die durchlaufenden 16tel (bzw. 8tel-Triolen bei ternären Rhythmen) werden ausnotiert und stetig rechts-links auf der Djembé gespielt. So treten auch die leicht angetippten „Tabs" im Notenbild in Erscheinung, was in der klassischen Notierung nicht der Fall ist. Hier arbeitet man dagegen mit dem „echten" Wert der vorher gespielten Note bzw. mit Pausenwerten.

Wo in der klassischen Notenschreibweise nun eine Achtelnote steht, also eine Note mit einfachem Fähnchen bzw. Balken (♪ , ♫) schreiben wir in der Djembé-Schreibweise zwei 16tel (♬). Eine 16tel-Pause (♪), auf der Djembé ein Tab, wird einfach durch einen Strich dargestellt (|).

Finden wir gar eine 4tel-Note (♩) oder 4tel-Pause (♪) vor, entspricht dies auf der Djembé vier 16teln (♬♬ , ♬♬).
Eine punktierte Achtel (♪.) entspricht drei 16teln (♬).

Folgende häufig auftauchende Notenbilder lassen sich also so umschreiben:

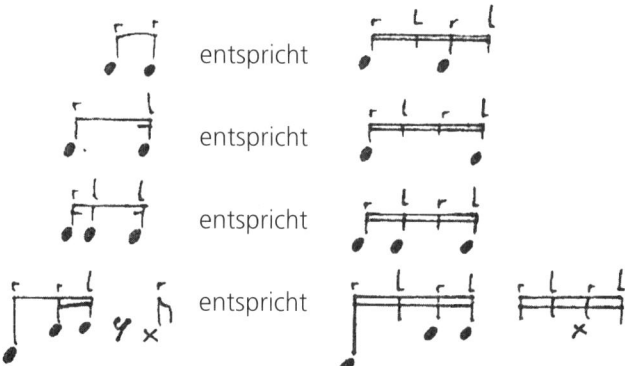

Bei ternären Rhythmen, also „Triolenpäckchen", stellt man Achtelpausen durch ein zusätzliches Strichlein (Tab) dar, Viertelpausen durch zwei. Eine Viertelpause oder eine Viertelnote am Anfang eines Triolenpäckchens entspricht jedoch drei Tabs:

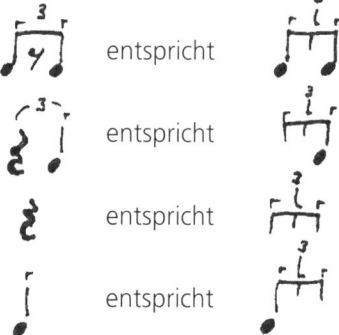

CD-Tips

Mamady Keïta
„Nankama" '92; fonti musicali fmd 195
„Mögöbalu" Doppel-CD von '95; fonti musicali fmd 205

„Afö" '98 mit Sewa Kan; fonti musicali fmd 215
„Wassolon" '89 mit Sewa Kan, fonti musicali fmd 159
„Hamanah" mit Famoudou Konate '96, fonti musicali fmd 211
"Mamady Lee", fonti musicali fmd 221
"A Giate", fonti musicali fmd 224

Famoudou Konate
„Rhythmen der Malinke", Guinea, Doppel-CD von '91,
Museum collection Berlin CD 18
Abt. Musikethnologie Museum für Völkerkunde Berlin
Best. über: Abt. f. Völkerkunde Berlin, Tel. 030-2662606
„Hamana Föli Kan" Fenn Music Service Best.-Nr.: 82230
„Malinke Rhythms and..." Fenn Music Service Best.-Nr.: 92727

Musique du monde
„Music from the world" Les percussions de Guinée" Buda musique

Buchtip mit CD

Famoudou Konate und Thomas Ott
„Rhythmen und Lieder aus Guinea"
Institut für Didaktik populärer Musik, 21436 Oldershausen
ISBN 3-930915-67-7, CD ISBN 3-930915-68-5

Zu beziehen über Percussion-Versand Brandt sind:

Farafina
„Bolomakoté" '90, Intuition
„Faso Denou" '93, Real World
„Nemako" '98, Intuition
„Kanou" 2001, Intuition

Adama Dramé
„Autres contacts" '95, Playasound
„Percussions Mandingues" Vol. 1 und 2
„Tama-voyages" 2000
"Sindi", 2003

Les Frères Coulibaly
"Séniwe" 2000, Blue Flame

Bei der Suche nach guten Beispielen afrikanischer Trommelmusik helfen übrigens gerne:

Percussion-Versand Herbert Brandt
Kaiserstr. 127
76133 Karlsruhe
Tel.:0721/380 177
Fax:0721/380 143

Afroton Michael Röttger
Rüsselsheimerstr. 22
60326 Frankfurt
Tel.:069/973031-0

Mein besonderer Dank

Veronika Pangritz für ihre „rhythmische Unterstützung", Raimar Heldsdörfer für sein grooviges Mitspielen und die Fotos, Helge Miller und seiner WG für die Computerarbeit mit mir, Gerd Waiblinger für seine unglaubliche Geduld bei den Aufnahmen und die rettenden Einfälle.

CD INLAY/BOOKLET ZUM AUSSCHNEIDEN

Ursula Branscheid-Diebaté
Freies Spiel auf der Djembé

Grundlagen, Tips und Übungen für Grooves und Soli

CD-Index „Djembé-Lehrbuch"

Leu-Verlag Drum- und Percussion-Lehrbücher und DVDs für den Musikunterricht

Andy Gillmann
Jazztraining, Buch mit DVD
Von der 1.Session zur Band:
Basics, Swing, Fills+Grooves,
Shuffle, Besen, 3/4 Swing,
Jazzcharts, 3 Bassplayalongs,
7 Playalongsongs, Lese-
übungen. 192 Seiten incl.
Hybrid-DVD plus Audioteil.
978-3-89775-123-1 38,-

Andy Gillmann DVD
Top 10 Grooves & Beats
f. Anfänger/Fortgeschrittene:
8tel, 16tel, Rechte Hand, Ternäre Grooves, Paradiddles,
Linear Phrasing, Ghostnote-
Grooves, Bass-Drum-Technik,
pdf-Notation zu den Kapiteln.
140 min. DVD 9 deutsch/engl.
978-3-89775-111-8 39,80

Andy Gillmann DVD
Top 10 Fills & Licks
f. Anfänger/Fortgeschrittene
Die besten Fills, aus denen
sich eine Menge Licks
entwickeln: Alle Stile/Tempi,
ternär/ binär+pdf-Notation.
120 min. DVD + Bonus
978-3-89775-105-7 39,80

Andy Gillmann DVD
BRUSHES unlimited
für Anfänger/Fortgeschrittene
Alle Aspekte rund um das
moderne Besenspiel von A-Z:
Technik, Grooves, Fills,
Songs, Skizzen + Bonus..
120 min. DVD deutsch/engl.
978-3-89775-078-4 39,80

U. Branscheid-Diebaté
Djembé spielen lernen
DVD 1: 92 min. Spietechniken,
Bewegungsabläufe, Hand-to-
hand-Spiel, Originalrhythmen.
DVD 2: 87 min. Djembé-Bau
im Busch, Geschichte, Tänze,
Kauf- und Reparaturtipps.
978-3-89775-125-5 34,80

Changuito (J.L.Quintana)
Das Geheimnis der Hand
The secret of the hand
La Mano secreta
50 Übungen zur Ausbildung der
schwächeren Hand.
Buch und DVD
deutsch-englisch-spanisch
978-3-89775-126-2 24,-

Alfredo H. Ruddock
**Latin Grooves für Bass
und Drums**
20 Latin Grooves, notiert für
Bass und Drums, mit Harmo-
nien, Rhythmen und Fills. Playalongs für Bass und für Drums .
Buch, Spiralbindung incl. CD
deutsch-englisch-spanisch
978-3-89775-130-9 29,80

Stefan Schütz
**Fundamentale Kozepte für
Schlagzeuger 3. Auflage**
Leitfaden für Schlagzeuger,
Lehrer und Schüler zu den
grundlegenden Fragen des
Schlagzeugspielens und für
bewussteres Spielen. 128 S.
978-3-89775-103-3 16,80
Out now in English :
978-3-89775-127-9 16,80

Mario Jahnke dt./engl.
The Essential Drumbook
Soli für Snare, Snare+ Tom,
Snare mit Fußostinato. Double
Bass Drum, Open Hand Play,
5/8, 6/8, 7/8 Grooves und Fills
m.wechselndem Handostinato
118 Seiten, Spiralb. Mit CD.
978-3-89775-119-4 24,80

Diethard Stein
Modern Drumming 1
13. Auflage, mit e-Book
Das Lernprogramm mit 1100
Übungen, 8 Playalong Songs
und 5 Solostücken.
172 Seiten incl. CD
978-3-928825-24-5 24,90
Out now in English:
978-3-89775-128-6 24,90

Shakir Ertek dt./engl.
**Türkische Rhythmen für
Schlagzeug und Kudüm**
Trad.türkische Rhythmen: Mit
Drumnotation, Klangsprache
und der CD eine Inspiration
für jeden Drummer.
120 Seiten incl. CD 24,90
978-3-89775-101-91

Helge Rosenbaum
Brazilian Drumming
Stile, Rhythmen, Instrumente,
Ensembleformen und die
Anwendung am Drumset.
400 Noten-u.130 Hörbeispiele
196 Seiten incl. CD
978-3-89775-102-6 29,80

Oli Rubow
e-Beats am Drumset
Die Liveumsetzung program-
mierter u.elektronischer Beats.
Styleguide für modernes Spiel.
99 Hörbeispiele, Notenbeisp.
Fotos und 270 Plattentipps.
112 Seiten incl. CD
978-3-89775-092-0 24,90

José J. Cortijo
Kleinpercussion spielen
Agogos-Claves-Cabassa-
Campana-Güiro-Güira-Ma-
racas-Shaker-Tambourine-
Triangel und Multipercussion.
CD mit Playalongs, auch pdf
80 Seiten incl. CD
978-3-89775-081-4 19,80

Diethard Stein
**Modern Drumming
Basics**
Vorstufenlehrgang ab 8 Jahre
mit vielen Übungen und fünf
Playalong Songs.
192 Seiten incl. CD
978-3-89775-057-9 24,90

**20 Jahre
LEU-VERLAG**
Kolpingstraße 5
D-86356 Neusäß
Telefon 0821-48043091
eMail: leuverlag@aol.com
www.leu-verlag.de

Sven Ehrhardt
Früh übt sich...
Für die musikalische Früh-
erziehung am Schlagwerk.
Erst mit Symbolen, dann mit
Noten. Ab 4-6 Jahren und
für den Gruppenunterricht.
978-3-89775-118-7 19,80

CD-Index „Djembé-Lehrbuch"